W0288751

Johnny, ein Jahr alt

Leon, Nita, Tim, Marion und Joe, Portugal 1964

Claire beim Leon-Pie-Fest, 2010

Petra, Jeremy, Mima und Hattie, 1978

Leon in der Wüste, 1959

Jo Jo und Katherine, 1977

Happy Birthday!

Kochbücher im Leon, Old Compton Street

George, 2011

Liza, Sadie, Kate und Joseph, August 1980

Tom Herbert, 1984

Molly, Liza, Emma, Jossy, Kate, Henry und Anna

# LEON.

# Backen

## Herzhaft & Süß

CLAIRE PTAK & HENRY DIMBLEBY

DUMONT

FOTOS: GEORGIA GLYNN SMITH · DESIGN: ANITA MANGAN

LE

ON

# INHALT



VERFEINERT MIT LEON

# Willkommen bei LEON – Backen

Leon basiert auf der Überzeugung, dass Essen gut schmecken und wohltuend sein soll. Wir wollen Ihnen mit diesem Buch zeigen, dass dies sogar da klappt, wo man es oft für unmöglich hält – beim Backen von Seelennahrung. Die Backwaren, die Sie hier finden, sehen opulent aus, klingen verführerisch und schmecken wie Naschereien, die Gewissensbisse bereiten. Dabei sind zwei Drittel dieser Rezepte weizen-, milch- oder zuckerfrei, mit vielen veganen und glutenfreien Alternativen. Auf Seite 294 finden Sie ein Register, in dem die Rezepte nach Zutaten aufgelistet sind, z. B. glutenfrei, milchfrei usw.

Das Buch ist in zwei große Kapitel unterteilt. Der erste Teil enthält alltägliche Rezepte, die das ganze Jahr über zubereitet werden können – Frühstücksbrote, Energieriegel, Plätzchen und schnelle Nachspeisen. Der zweite Teil enthält eine Sammlung von Rezepten, mit denen Sie allgemeine, aber auch ganz besondere Festtage feiern können. Hier finden Sie alles, von Hot Cross Buns (süßen Brötchen) und kandierten Äpfeln bis zu einer Wildwest-Pie zum Vatertag.

Uns war wichtig, dass dieses Buch selbst für Anfänger leicht verständlich ist – deshalb erklären wir gleich zu Beginn einige Grundtechniken und das wichtigste Zubehör. Sobald Sie ein Rezept einmal zubereitet haben, können Sie die von uns vorgeschlagenen Variationen ausprobieren. Wir möchten aber auch den erfahrenen Köchen Inspirationen bieten. Einige der Rezepte sind anspruchsvoll (Eisbombe Alaska, Seite 139), einige sind traditionellen Rezepten entlehnt (Sauerteigbrot, Seite 196), und wieder andere sind einfach explosiv (Honigwabe, Seite 220). Jedes Rezept wird auf einer Skala von „Anfänger“ bis „Für ganz Mutige“ eingeordnet, aber selbst die abenteuerlichsten Rezepte sollten für einen Amateur nicht zu kompliziert sein.

Wir hoffen, dass dieses Buch einen ständigen Platz in Ihrer Küche findet und vom vielen Gebrauch teigverschmiert sein wird und Eselsohren bekommt.

**Claire & Henry**

# Über die Autoren

Wir haben dieses Buch in der ersten Person Plural geschrieben – wir reden von „wir" –, weil es das Ergebnis einer engen Zusammenarbeit über ein ganzes Jahr ist. Glücklicherweise wohnen wir nur zwei Türen voneinander entfernt, sodass wir viel Zeit damit verbringen konnten, die Küche des anderen in ein Chaos zu verwandeln und anschließend die Resultate zu verzehren.
Natürlich haben wir ganz unterschiedliche Hintergründe: Claire ist Profibäckerin und Henry ein begeisterter Amateur.
Claire war Konditorin bei Chez Panisse, Alice Walkers legendärem Restaurant in Kalifornien. Sie verliebte sich in einen eleganten englischen DJ und folgte ihm nach East London, wo sie jetzt ihre gefeierte Bäckerei Violet führt. Claire ist eine glühende Anhängerin von natürlichen, saisonalen Zutaten und damit die beste Bäckerin, die wir kennen. In all ihrer Backkunst steckt Präzision und Schönheit.

Henry ist Mitbegründer von Leon (zusammen mit John Vincent und Allegra McEvedy). Er begann seine Berufslaufbahn als Koch, erkannte aber bald, dass er für einen Profikoch zu unordentlich war. Seine Liebe zum Essen hat er jedoch nie verloren und so verbringt er immer noch jede freie Minute in seiner Küche, wo er stets ein Experiment am Laufen hat. Aus einigen dieser Experimente sind Gerichte geworden, die es wert sind, weitergegeben zu werden (siehe Henrys Würzhühnchen-Pie, Seite 292, und die Eisbombe mit gesalzenem Schokoladenkaramell, Seite 160). Die Reste anderer Experimente werden noch immer von der Decke abgekratzt.
Sie werden in diesem Band auch Rezepte finden, die schon im ersten Leon-Band publiziert wurden. Da diese Gerichte bei unseren Stammgästen so beliebt sind, würden wir es für einen Fehler halten, sie in einem Buch über Backwaren nicht zu erwähnen.

## Zeichenerklärung

Symbolschlüssel für die Rezepte:

❤ wenig gesättigte Fettsäuren
✓ gute Kohlenhydrate (niedriger GI = glykämischer Index)/guter Zucker
WF weizenfrei
GF glutenfrei
MF milchfrei
V vegetarisch
(Gabel-Symbol) üppige Schlemmerei

Schwierigkeitsgrad:

1 Löffel: Anfänger
2 Löffel: mittelschwer
3 Löffel: für ganz Mutige

TIPPS: Backtipps, zusätzliche Informationen und Alternativen

REZEPT GETESTET VON JACKIE & AMY: Die Rezepte wurden von vielen getestet. Wir haben allen den großen Küchenorden verliehen.

LEON

# LEITFADEN DER BACK-ZUTATEN

MEHLSORTEN VON RECHTS NACH LINKS: VOLLKORNDINKEL, MAISMEHL, ROGGENMEHL, REISMEHL, EINFACHES DINKELMEHL & AUSZUGSMEHL

Mehl verleiht der Backware Struktur und Volumen. Bei den üblichen Mehlsorten reagiert das Eiweiß mit Wasser, indem es Gluten („Kleber") produziert. Dessen Eiweißgerüst schafft ein Gitterwerk, in dem Luftbläschen eingefangen werden und für „Leichtigkeit" sorgen. Manche Menschen können kein Mehl verdauen. Backwaren aus glutenfreien Mehlsorten sind eher wie ein Kuchen. Man kann diesen Effekt oft bis zu einem gewissen Grad aufheben, indem man Eier oder Xanthan-Gummi, einen essbaren Klebstoff, hinzufügt.

## 1 TRADITIONELLES WEIZENMEHL

*Vollkornmehl (Type 1600), Auszugsmehl (Type 450) und dunkles Mehl (Type 1200)*

**Was ist Weizenmehl?** Gemahlener Weizen. Vollkornmehl wird aus ganzen Körnern gewonnen und enthält alles: den Mehlkörper (eiweiß- und stärkehaltig), den Keimling (eiweißhaltig und voller Vitamine) und die Kleie (ballaststoffhaltig). Die anderen Weizenmehlsorten werden nur aus dem stärkehaltigen Mehlkörper gewonnen. Auszugsmehl nimmt man gewöhnlich zum Backen, da es weniger Gluten produziert als stärkeres Mehl, das üblicherweise zum Brotbacken verwendet wird.
**Wofür ist es gut?** Eigentlich für fast alle traditionellen Backwaren.
**Ist es gesund?** Nicht wirklich. Weizen hat sich in den letzten 100 Jahren vollkommen verändert. Von seiner ursprünglichen natürlichen Form wurde er zu einer extrem ertragreichen Getreideart

kultiviert. Damit kann zwar eine wachsende Weltbevölkerung ernährt werden, doch der Preis dafür ist hoch. Das Auftreten von Zöliakie – einer schweren Allergie gegen Gluten, bei der die Dünndarmschleimhaut angegriffen wird – hat sich seit den 1970er-Jahren alle 15 Jahre verdoppelt. Einige Menschen sind nicht nur gegen Gluten, sondern auch gegen Weizen allergisch. So wird Weizenunverträglichkeit zu einem wachsenden Problem – keine dramatische, aber dennoch unangenehme Reaktion auf modernes Weizeneiweiß, die dafür verantwortlich ist, dass sich die Betroffenen schlapp, müde und lustlos fühlen.

## 2 DINKELMEHL

*Vollkorn oder hell*

**Was ist Dinkel?** Dinkel ist eine uralte Getreidesorte, die nicht durch Kultivierung verändert wurde.
**Wofür ist er gut?** Sie können bei vielen Gerichten Weizen durch Dinkel ersetzen. Obwohl sein Eiweißgehalt höher ist als der vieler Weizenmehle, enthält er nur wenig Gluten. Deshalb erhalten Sie nicht die luftigen Brote, die mit Weizenmehl möglich sind. Er hat einen köstlich nussigen Geschmack. Wir lieben Dinkel.
**Ist er gesund?** Menschen mit Weizenallergie und -unverträglichkeit können im Allgemeinen unbesorgt Dinkel essen. Zöliakier müssen Dinkel meiden, weil er Gluten enthält. Unserer Erfahrung nach bläht er nicht so stark wie traditioneller Weizen.

## 3 ROGGENMEHL

**Was ist Roggen?** Roggen stammt von derselben Getreidefamilie ab wie Weizen. Ursprünglich war er in Osteuropa beheimatet, wo er im kalten Klima auf karger Erde gut wächst. Er ist kompakt und dunkel und enthält wenig Gluten.
**Wofür ist er gut?** Um traditionelles Roggenbrot zu backen (siehe Seite 201). Auch für kräftig würzige Biere, Wodka und Whisky.
**Ist er gesund?** Viele Menschen finden ihn besser verdaulich als Weizen, weil er einen geringeren Glutenanteil hat und nicht so stark kultiviert ist. Er enthält viele Vitamine und lösliche Fasern. Roggenbrote haben einen niedrigeren glykämischen Index als viele Brote aus Weizen und Dinkel, weshalb Roggen weniger zu einer Gewichtszunahme führt.

## 4 BUCHWEIZEN

**Was ist Buchweizen?** Buchweizen ist eigentlich gar kein Weizen, nicht einmal eine Getreideart. Der mit dem Rhabarber verwandte Fruchtsamen ähnelt Sonnenblumenkernen und ist glutenfrei.
**Wofür ist er gut?** Wir nehmen das Mehl für Pfannkuchen, geben die Flocken in Müsli und Porridge und verwenden ihn in Graupenform als Couscous-Ersatz. Da er keine Klebeigenschaften hat, müssen Sie beim Brotbacken Eier oder Xanthan zugeben. In Kombination mit anderen Mehlsorten kann Buchweizen interessante Geschmacksnoten und Texturen erzeugen.
**Ist er gesund?** Ja. Er enthält sehr viele Nährstoffe, vor allem Mangan und Magnesium, und versorgt Sie auch mit Vitaminen, Zink und anderen Nährstoffen.

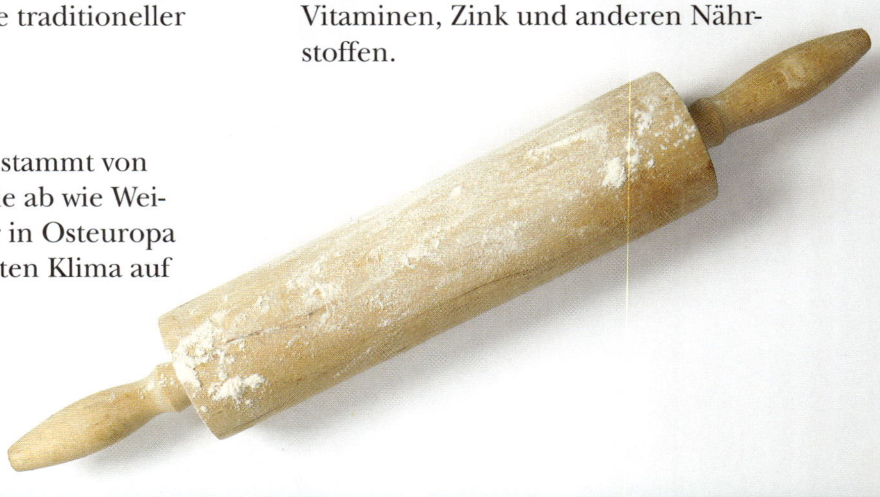

## 5 GLUTENFREIES MEHL

**Was ist glutenfreies Mehl?** Nicht jedes Mehl enthält Gluten. Sie können glutenfreies Mehl selbst mischen oder als Fertigprodukt kaufen. Es besteht aus einer Mischung von Reis-, Kartoffel-, Buchweizen-, Bohnen- und Erbsenmehl. Oft enthält es einen Glutenersatz wie Xanthan-Gummi.
**Wofür ist es gut?** Sie können es als Mehlersatz benutzen, um Gluten zu vermeiden, vor allem wenn Gerichte nicht die Festigkeit brauchen, die Gluten erzeugt.
**Ist es gesund?** Diese Mehlsorten enthalten zwar kein Gluten, aber einige sind stark bearbeitet, sodass sie nicht unbedingt reich an Nährstoffen sind.

## 6 POLENTA

**Was ist Polenta?** Grob gemahlener getrockneter Mais, auch als Maisgrieß bekannt. Polenta sollte nicht mit Maisstärke verwechselt werden.
**Wofür ist sie gut?** Sie verleiht Kuchen Festigkeit und ist eine Alternative zu Weizenmehl. Polenta hat eine schöne gelbe Farbe und einen milden, süßlichen Geschmack.
**Ist sie gesund?** Polenta ist ein relativ komplexes Kohlenhydrat, das Protein und einige Vitamine enthält.

## 7 GRAHAMMEHL

**Was ist Grahammehl?** Gemahlene getrocknete Kichererbsen.
**Wofür ist es gut?** Es gibt Kuchen Festigkeit und Struktur. Man kann damit auch Eintöpfe andicken. Es kann etwas bitter schmecken, daher sollte es nur sparsam verwendet werden.
**Ist es gesund?** Ja. Da es glutenfrei ist, hat es einen niedrigen glykämischen Index und wird deshalb Ihren Blutzuckerspiegel nicht in die Höhe treiben. Es enthält viel Protein und Eisen.

# TREIBHILFEN & BINDEMITTEL

### 1 HEFE

Ein Mikroorganismus, der die Zuckeranteile im Mehl in Kohlensäurebläschen umwandelt und dadurch Luft in den Teig bringt. Hefe gibt es frisch oder als Trockenpulver. Wir geben in jedem Rezept an, welche Form wir benutzen. Wenn Sie eine andere Art wählen, befolgen Sie die Packungsanweisung.

### 2 NATRON

Eine chemische Mischung mit leicht alkalischem Geschmack, die mit Säuren reagiert und so Kohlensäure bildet.

### 3 BACKPULVER

Ein Gemisch aus Natron und einer Säurekomponente (meistens Weinstein), die, wenn sie mit Feuchtigkeit in Berührung kommt, reagiert und dann Kohlensäure produziert. (Einige Backpulverarten benutzen Weizen als „feuchtigkeitsaufsaugenden Wirkstoff". Man kann aber glutenfreies Backpulver kaufen, das keinen Weizen enthält.)

### 4 PFEILWURZELMEHL, STÄRKE

Stärkehaltige glutenfreie Pulver zum Binden und Andicken.

### 5 XANTHAN-GUMMI

Ein Bindemittel, das in niedriger Konzentration zum Andicken von Saucen benutzt wird. Es wird bei glutenfreien Broten verwendet, um dem Brot Volumen zu verleihen.

### 6 EI-ERSATZ

Der Ei-Ersatz findet in Biskuitteigen und Kuchen für Veganer sowie Menschen mit Eiweißallergie Verwendung. Gewöhnlich wird er aus Sojaeiweiß und Kartoffelstärke hergestellt.

6
1/2 Teaspoon 2.5ml
1/4 Teaspoon 1.25ml
1 Tablespoon 15ml
1 Teaspoon 5ml
3*
1
4
5
2
1 TABLESPOON
(15.0 ML)
3

# FETTE

Fette haben beim Backen verschiedene Aufgaben. Sie machen die Backware saftig und geschmeidig. Weil sie zwischen den Mehllagen hauchdünne Polster bilden, kann sich ein knuspriger Teig entwickeln. Gluten kann sich durch Fett im Brot ausdehnen. Fette sind üppig und schmecken süß.

## 1 UNGESALZENE BUTTER

**Was ist Butter?** Ein goldener Barren aus dem Besten der Milch, der aus dem Rahm gebuttert wird, um das Butterfett zu konzentrieren. Butter ist eine Emulsion, ein Gemisch aus Butterfett (ca. 80 %), Wasser und Milcheiweiß. Gewöhnlich verwendet man zum Backen ungesalzene Butter.
**Wofür ist sie gut?** Butter ist das meistverwendete Backfett. Sie ist bei Zimmertemperatur fest und deshalb für die Zubereitung aller lockeren Teigsorten geeignet. Bei Körpertemperatur schmilzt sie.
**Ist sie gesund?** Wie Schmalz (siehe Seite 18) besteht Butter hauptsächlich aus gesättigten Fettsäuren und ist deshalb sehr kalorienreich. Beide Nahrungsmittel galten lange als Übel, doch beide sind natürliche Produkte, und jüngste Forschungen gehen davon aus, dass sie (in Maßen genossen) weniger schädlich sind als industriell hergestellte Alternativen. Da Butter eine gesättigte Fettsäure ist, kann sie erhitzt werden, ohne ihren Aufbau zu verändern und schädlich zu werden. Butter enthält sehr wenig Laktose und ist deshalb für jene, die an Laktoseintoleranz leiden, selten ein Problem.

## 2 GESALZENE BUTTER

**Was ist gesalzene Butter?** Butter, der als Konservierungsmittel und um den Geschmack zu verändern, Salz zugefügt wurde.
**Wofür ist sie gut?** Wir bevorzugen für Kuchen und Desserts den süßlichen Geschmack der ungesalzenen Butter. Doch gelegentlich, z. B. für Süßes Popcorn mit Schokotropfen (siehe Seite 79), verwenden wir gesalzene Butter.
**Ist sie gesund?** Es gilt das Gleiche wie für ungesalzene Butter. Wenn Sie auf Ihren Salzverbrauch achten müssen, dann nehmen Sie ungesalzene.

## 3 KOKOSFETT

**Was ist Kokosfett?** Öl, das aus dem Fleisch der Kokosnuss extrahiert wird.
**Wofür ist es gut?** Bei Körpertemperatur ist es flüssig, bei Zimmertemperatur fest. Diese Eigenschaft macht das Kokosfett oft zu einem geeigneten Ersatz für Butter. Sein Schmelzpunkt (ca. 23 °C) liegt näher an der Zimmertemperatur als der von Butter (ca. 32 °C) oder gar Kakaobutter (ca. 34 °C), was ihm einzigartige Qualitäten verleiht. Glasuren mit Kokosfett (siehe Seite 97) schmelzen z. B. im Mund ganz anders als die üppigeren Butterglasuren.
**Ist es gesund?** Darüber wird heftig debattiert. Als man anfing, Milchprodukte aus der Ernährung zu streichen, galt Kokosfett als idealer Ersatz. Dann wiesen Ernährungswissenschaftler nach, dass Kokosfett einen hohen Kaloriengehalt und viele gesättigte Fette hat. Neuere Forschungen haben gezeigt, dass Kokosfett aber tatsächlich gutes Cholesterin fördert und leicht in Brennstoff (statt in Fettablagerungen) verwandelt werden kann. Natürlich ist dies nur dann nützlich, wenn Sie Brennstoff brauchen, also im Alltag viele Kalorien verbrennen. Wir sind der Meinung, dass es ein gutes Fett ist. Manche meinen, es mache dick, dem widersprechen jedoch viele Ernährungswissenschaftler. (Lesen Sie die Etiketten durch, da manche Kokosfette gehärtet sind. Wählen Sie immer Bio- und unraffinierte Produkte).

## 4 OLIVENÖL

**Was ist Olivenöl?** Natives Olivenöl extra vergine ist Öl, das aus dem Fruchtfleisch der Olive extrahiert wird.
**Wozu ist es gut?** Bei Zimmertemperatur ist es flüssig und deshalb beim Backen weniger vielseitig als andere hier beschriebene Fette. Wir nehmen es für Brot- und Pizzateig und um Müsli zu rösten.
**Ist es gesund?** Ja. Es enthält viele einfache ungesättigte Fettsäuren, die vor Herzerkrankungen schützen können. Außerdem ist es eine gute Quelle für Omega-6-Fette. (Achten Sie darauf, dass Sie kaltgepresstes Olivenöl kaufen).

## 5 TALG

**Was ist Talg?** Rohes Rinder- (und manchmal Hammel-)Fett. Talg, den Sie im Supermarkt kaufen, ist bereits dehydriert, gereinigt und mit Mehl vermischt worden, um ihn zu festigen. Wenn Sie frischen Talg nehmen, werden Sie vielleicht etwas weniger brauchen.
**Wozu braucht man Talg?** Um gedämpfte englische Puddinge zu machen. Talg ist fest und bildet deshalb kleine Taschen im Teig. Wenn der Pudding kocht, schmilzt der Talg und hinterlässt kleine Lufttaschen, was eine leichte, lockere und etwas krosse Textur ergibt. Wenn Sie ihn durch Butter ersetzen, werden Sie einen schwereren, gehaltvolleren Teig bekommen.
**Ist er gesund?** Talg ist ein sehr kalorienhaltiges gesättigtes Fett. Der Zusammenhang zwischen gesättigten Fettsäuren und Herzerkrankungen ist zurzeit umstritten, und neueste Untersuchungen deuten auf fabrikmäßig hergestellte Transfette und zuckrige Nahrung als die wahren Übeltäter. Deshalb gilt: Essen Sie nicht jeden Tag Talg, aber für eine besondere Leckerei ist er ideal.

## 6 SCHWEINESCHMALZ

**Was ist Schmalz?** Fett vom Schwein – oft langsam zerlassen, gereinigt und dann gestockt.
**Wofür ist es gut?** Normalerweise wird es verwendet, um lockeren Teig herzustellen (z. B. den heißen Krustenteig für die Schweinepastete, Seite 284). Bei Körpertemperatur ist es fest und hat einen leichten Geschmack nach Schwein.
**Ist es gesund?** Sehr kalorienhaltig, aber vielleicht nicht so schädlich, wie oft behauptet. Verwenden Sie es so oft wie Talg (siehe oben).

## 7 MARGARINE

**Was ist Margarine?** Ein Butterersatz, der ursprünglich aus Rinderfett gemacht wurde, heute aber aus gefestigten und gelb gefärbten Pflanzenölen hergestellt wird.
**Wofür ist sie gut?** Für absolut gar nichts. Wir glauben nicht, dass irgendein Rezept durch die Verwendung von Margarine besser schmeckt.
**Ist sie gesund?** Ursprünglich wurde die aus gehärtetem Pflanzenöl hergestellte Margarine als gesündere, preiswertere Alternative zu Butter angepriesen. Heute weiß man, dass durch diesen Herstellungsprozess giftige Transfette entstanden. Diese Margarinesorten sind mittlerweile verschwunden. Durch neuere Herstellungsverfahren wurden Margarinen geschaffen, die als gesundheitsfördernd angepriesen werden. Da sie jedoch erst kürzlich in der Nahrungskette aufgetaucht sind, würden wir zu Vorsicht raten. Unsere Faustregel lautet: Vermeide es, eine Zutat zu verwenden, die in den letzten 1000 Jahren erfunden wurde.

# ZUCKER & SÜSSMITTEL

Es ist eine der Tragödien der Menschheit, dass süße Nahrung während unserer Evolution, als sich unser Geschmack entwickelte, nicht in dem Umfang wie heute zur Verfügung stand. Für den Urzeitmenschen war Zucker eine seltene und wertvolle Energiequelle. Darum sind wir darauf trainiert, ihn aufzuspüren und zu verschlingen.

Noch bis 1766, als in England die Zuckersteuer abgeschafft wurde, war es unmöglich, Zucker in solchen Mengen zu bekommen, dass er schädlich sein konnte. Heute ist der weiße raffinierte Zucker billig und reichlich vorhanden. Mittlerweile gilt er (zusammen mit behandelten Kohlenhydraten) als die größte singuläre Bedrohung für unsere Gesundheit. Letztendlich gilt auch hier Maßhalten, doch es gibt im Universum der Nahrungsmittel einige süße Substanzen, die unsere Instinkte befriedigen und dabei unserem Körper weniger schaden.

## ZUCKER

Zucker wird hergestellt, indem ein süßer Sirup – gewöhnlich aus Zuckerrohr oder Zuckerrübe – destilliert wird, bis er kristallisiert. Wir versuchen, ihn – wo möglich – zu ersetzen. Falls Sie Zucker verwenden, beachten Sie folgende Hinweise:

**Nehmen Sie Zucker aus Zuckerrohr** (vorzugsweise Fair Trade), nicht aus Zuckerrüben. Zuckerrübenzucker hat einen intensiven Eigenschmack.

**Benutzen Sie unraffinierten Zucker;** er enthält noch einige Mineralien und Nährstoffe.

**Essen Sie nur wenig Zucker.** Zucker lässt den Blutzuckerspiegel erst steigen und dann abfallen, was zu Stimmungsschwankungen und Gewichtszunahme führt.

Zucker kommt in vielen Formen daher – von weißem Kristallzucker bis zu dunkelbraunem Muscovado. Besuchen Sie einmal eine Zuckerraffinerie. Das Rohr wird von riesigen Metallrollen gemahlen, die mit heißem Wasser besprüht werden, und der dabei entstehende Sirup wird in Bottichen zu unterschiedlichen Farbstufen verkocht. Unraffinierte Zuckersorten werden mithilfe einer Zentrifuge aus dem Sirup der verschiedenen Stufen gewonnen (jeder ist dunkler als der vorige). Der letzte Sirup wird Melasse genannt, die im Vergleich zu anderen Zuckersorten voller Nährstoffe steckt.

Zuckersorten, die wir verwenden:

### 1 UNRAFFINIERTER ZUCKER

Unraffinierter Zucker enthält Melasse, während dem raffinierten Zucker diese Nährstoffquelle und das Aroma entzogen wurden. Unraffinierter Zuckerrohrsirup kommt aus einem frühen Destillationsstadium. Die Kristalle sind gemahlen, sodass sie sich leicht vermischen und auflösen lassen.

### 2 UNRAFFINIERTER DEMERARA-ZUCKER

Dunkler als unraffinierter Zucker, mit einem stärkeren Eigengeschmack. Größere Kristalle verleihen ihm Biss.

### 3 MUSCOVADO-ZUCKER

Muscovado wird nicht in der Zentrifuge geschleudert, sondern in der Sonne getrocknet und enthält daher mehr pflanzliche Stoffe, die ihm ein besonderes Aroma verleihen. Anders als brauner Zucker, der durch Zufügung von Melasse hergestellt wird, ist Muscovado sehr fein.

### 4 PUDERZUCKER

Sehr fein gemahlener, raffinierter Zucker, der einen Zusatz gegen Klümpchenbildung enthält.

### 5 SIRUP

Sirup, der bei der Produktion von Feinstzucker übrig bleibt. Heller Sirup ist ein Nebenprodukt der ersten weißen Zuckerproduktion. Dunkler Sirup entsteht bei der späteren Safteindampfung und enthält mehr pflanzliche Stoffe und weniger Zucker.

### 6 FRUKTOSE

Rohrzucker enthält Saccharose, die aus Glukose und Fruktose gebildet wird. Fruktose ist gut für die Konzentration am Nachmittag. Allerdings steht Fruktose seit Neuestem im Verdacht, sich schneller als anderer Zucker in Fett umzuwandeln. Deshalb verwenden wir eine Reihe anderer natürlicher Süßstoffe.

## WEITERE NATÜRLICHE SÜSSSTOFFE

Natürliche Süßstoffe treiben den Blutzuckerspiegel weniger in die Höhe als gewöhnlicher Zucker, überdies sind sie weniger raffiniert und enthalten daher mehr Nährstoffe. Jedoch gibt es auch gegen sie einige Vorbehalte.

### 7 HONIG

Blumennektar, der von Bienen gesammelt wurde.
**Was ist daran gut?** Völlig natürlich und köstlich. Viele Sorten haben einen hohen Fruktoseanteil und lassen den Blutzuckerspiegel weniger stark ansteigen.
**Gibt es Probleme?** Bei vielen Honigprodukten, die für den Massenmarkt hergestellt werden, füttert man die Bienen mit Zuckersirup. Diese sind dann vom Nährstoffgehalt identisch mit Zucker.

### 8 AHORNSIRUP

Sirup aus dem Saft des Zuckerahorns.
**Was ist daran gut?** Er ist wie Honig natürlich und köstlich.
**Gibt es Probleme?** Die Süße des Ahornsirups kommt hauptsächlich von Saccharose, deshalb wird er in England mit denselben Warnschildern wie Zucker versehen.

### 9 AGAVENDICKSAFT

Sirup aus den Blättern der mexikanischen Agave. Er ist süßer als Honig, aber weniger zähflüssig.
**Was ist daran gut?** Er schmeckt gut und treibt den Blutzuckerspiegel weniger hoch.
**Gibt es Probleme?** Wegen der hohen Nachfrage ist er heute oft stark behandelt. Fruktose, ein nicht unproblematischer Süßstoff, ist die Hauptquelle seiner Süße. Deshalb hat der Ruf von Agavendicksaft als Wunderersatz für Zucker gelitten.

### 10 BRAUNER REISSIRUP

Dieser wird aus gekochtem Reis gewonnen, der mit Enzymen von getrockneten Gerstenkeimen angesetzt ist, um die Stärke aufzuspalten. Dann wird gefiltert und die so gewonnene süße Flüssigkeit eingekocht.
**Was ist daran gut?** Reissirup ist ein natürliches Produkt, das den Blutzuckerspiegel nicht ansteigen lässt und keine Fruktose enthält.
**Gibt es Probleme?** Er ist sehr geschmacksintensiv, doch bislang gilt er nicht als schädlich.

### 11 YACON-SIRUP

Dunkler melasseartiger Sirup, aus einer peruanischen Wurzel gewonnen.
**Was ist daran gut?** Anders als bei Agavendicksaft wandern die Verbindungen, die die Süße des Yakon-Sirups ergeben, durch den Körper, ohne verstoffwechselt zu werden.
**Gibt es Probleme?** Er hat einen starken Eigengeschmack. Bisher gilt er nicht als schädlich.

### 12 STEVIA

Minzeartiges Kraut, das sehr süß ist, aber keine Kalorien hat.
**Was ist daran gut?** Süßt ohne Nachgeschmack und hat null Kalorien. Stevia wird Ihren Blutzuckerspiegel nicht ansteigen lassen.
**Gibt es Probleme?** Stevia ist in der EU nicht erhältlich. Noch gibt es keine intensiveren Forschungen zu möglichen Nebeneffekten, deshalb darf das Kraut in der EU nicht verkauft werden, obwohl es in anderen Ländern bereits zugelassen ist.

# WEITERE ZUTATEN

SPIRULINA

REISMILCH

PARANÜSSE

GESCHÄLTE HANFSAMEN

TAHINI

AGAR-AGAR

HAFERKLEIE

AGAVENDICKSAFT

CASHEWKERNE

KOKOSFETT

YACON-SIRUP

CHIA-SAMEN

BRAUNER REISSIRUP

# ZUBEHÖR, TIPPS UND TECHNIKEN

1
2
3
4
5
6
7
8
9
10
11
12
13
14
15
ZEAL
Microplane
SALTER

# ZUBEHÖR

Die unübersichtliche Menge an Küchenzubehör und technischen Extras kann vor allem Anfänger verwirren (und teuer werden, falls Sie glänzendem neuem Spielzeug schwer widerstehen können). Nachfolgend listen wir hier die wichtigsten Hilfswerkzeuge auf.

## GRUNDAUSSTATTUNG

### 1 TEIGROLLER

Wir bevorzugen die lange Form. Fast alle Materialien sind geeignet, aber Holz ist angenehm und leicht. Achten Sie darauf, dass die Maserung fein ist, sonst hinterlässt sie auf dem Teig Abdrücke. Sie brauchen keine Griffe – Sie haben sogar alles besser im Griff, wenn Sie mit Ihren Handflächen über den Teigroller ziehen.

### 2 SCHNEEBESEN

Um Eier aufzuschlagen, Mehl aufzulockern (wenn es nicht sehr fein sein muss), weiche Butter cremig zu rühren oder Granita durchzurühren. Bei einer beschichteten Pfanne sollten Sie einen Silikon-Schneebesen benutzen.

### 3 SIEB

Siebe sollte man in mehreren Größen besitzen – ein kleines für Puderzucker und ein größeres zum Durchsieben. Stabilere mit Metallrand halten auch einen kräftigeren Schlag beim Durchsieben aus. (Siebe sind übrigens wunderschöne Gegenstände, wenn Sie sie näher betrachten.)

### 4 TEIGSCHABER

Mit einem Teigschaber können Sie die Schüssel komplett ausputzen, selbst wenn die letzten Reste direkt in den Mund wandern. Großartig auch zum Unterheben von Zutaten (z. B. Schokolade und Eischnee). Die hitzebeständigen sind nützlich beim Rühren von Saucen.

### 5 ELEKTRISCHES RÜHRGERÄT

Es ist natürlich beeindruckend, wenn Sie vor Gästen den Schneebesen schwingen. Doch wenn Sie allein sind, ist ein elektrischer handlicher. Zum Schaumigrühren von Butter und Zucker, um Baisermasse herzustellen usw.

### 6 BACKPAPIER

Verwenden Sie niemals Butterbrotpapier statt Backpapier. Backpapier macht das Leben so viel leichter – ob Sie Kuchenformen damit auskleiden oder heißen Krokant darauf gießen: Es wird nicht in kleine Stücke zerreißen.

### 7 MICROPLANE-REIBE

Zum Abreiben der Schale bei Zitrusfrüchten. Wenn Sie den üblichen Zestenreißer benutzen, müssen Sie anschließend alles sehr fein hacken. Achten Sie darauf, dass Sie im Eifer des Gefechts nicht das Weiße unter der Schale mitreiben – das ist nämlich sehr bitter. Mit der Microplane-Reibe kann man ebenso gut Parmesan reiben.

### 8 EISPORTIONIERER

Nehmen Sie stabile Portionierer aus Edelstahl, um Eiskugeln zu proportionieren. Portionierer aus Kunststoff sind zwar nützlich, um z. B. Cupcakes zu formen, aber nicht stabil genug für Eiscremes aus modernen Gefrierfächern.

### 9 MESSLÖFFEL

Sie brauchen ein Set, das Sie für alles benutzen können. Ob Aberglaube oder nicht: Wir meinen, dass jedes Set etwas anders ist. Deshalb ist es ratsam, immer nur dasselbe zu verwenden. Sie erzielen dadurch gleichbleibende Backergebnisse.

### 10 MESSBECHER

Messbecher sind vielfältig verwendbare Gefäße, z. B. um flüssigen Teig in eine Kuchenform zu gießen. Doch WIEGEN Sie Wasser immer auf der Waage (siehe Seite 32). Sie können den Messbecher benutzen, um eine Menge grob abzumessen, für viele Rezepte ist der Becher jedoch nicht genau genug.

### 11 SPARSCHÄLER

Eine andere Art von Schäler zu nutzen wäre purer Wahnsinn – ein bisschen so, als ob Björn Borg versuchte, sein Comeback im Profi-Tennis mit einem Holzschläger zu bestreiten. Sparschäler sind die effektivsten Schäler.

### 12 GEMÜSEMESSER

Für kleine Arbeiten, wie z. B. den Kuchen aus der Form zu lösen, Obst zu putzen oder Brotteig einzuschneiden.

### 13 ZITRONENPRESSE (MIT STIEL)

Großartig, um möglichst viel Saft aus einer kleinen Menge Früchte auszupressen. Preisgünstig, leicht zu reinigen, effektiv, haltbar, schön, einfach und sicher.

### 14 WAAGE

Digitalwaagen sind vor allem für Bäcker unerlässlich, da sie sehr exakt messen (kaufen Sie eine Waage, die in 1-g-Schritten wiegt). Ansonsten erfüllen die alten mechanischen Waagen auch ihren Zweck. Waagen, die mit einer Feder arbeiten, sind allerdings oft etwas ungenau.

### 15 BACKFORMEN

**Grundausstattung:**

- zwei Brotformen (450 g)
- eine tiefe Muffinform (und eventuell ein Mini-Muffinblech)
- zwei ineinanderpassende Formen mit 20–23 cm Durchmesser, 2,5 cm hohem Rand und möglichst herausnehmbarem Boden
- eine Tarteform mit 20–23 cm Durchmesser, 2,5 cm hohem gewelltem Rand und möglichst herausnehmbarem Boden
- eine tiefe Kuchenform für Früchtekuchen mit herausnehmbarem Boden (und vielleicht eine Springform für Käsekuchen)

# BÄCKER, DIE WIR LIEBEN

# ELISABETH PTAK

Kuchen und Süßigkeiten spielten in der Kindheit meiner Mutter Elisabeth eine große Rolle. Das Foto (oben) zeigt sie an ihrem vierten Geburtstag. Ihre Brüder und Freunde sind um den Tisch versammelt, und das Geburtstagskind (Mom) hat die Aufgabe, die Kerzen auf gleich drei Geburtstagskuchen auszublasen.

Gewöhnlich waren ihre Mutter (meine Großmutter) oder ihre Tante für das Backen zuständig, aber sobald sie alt genug war, wurde Mom die Kuchenbäckerin der Familie und gab diese Liebe an mich und meinen Bruder weiter (der schnell den Ruf erwarb, die besten Chocolate Chip Cookies der ganzen Nachbarschaft zu backen).

Mom deckt stets einen wunderschönen Tisch und feiert Feste, wie sie fallen. Sie macht nicht nur ein, sondern immer gleich vier oder fünf verschiedene Desserts, sodass man reichlich Auswahl hat.

Ihre Zitronenschnitten (siehe Seite 94) sind sagenhaft.

CLAIRE

KitchenAid
1
2
3
4
5
6
7
8

## PROFIZUBEHÖR

### 1 STABMIXER

Um Fruchtpürees oder Samenmilch zu machen, Schokoladen- und Buttermischungen, die ausgeflockt sind, wieder zu homogenisieren, und um Aromastoffe unterzurühren, z. B. in die Eiscreme mit grünem Pfeffer, Seite 250. (Auch großartig zum Pürieren von Suppen und Smoothies.)

### 2 KÜCHENMASCHINE

Wenn Sie viel backen, können Sie damit Zeit sparen und einfacher Ordnung halten.

### 3 TEIGSCHABERKARTE

Um Brotteig zu teilen und ihn (ebenso wie Mehl) von Oberflächen abzukratzen. Auch nützlich, um etwas unterzuheben (z. B. Eiweiß in geschmolzene Schokolade).

### 4 EISMASCHINE

Purer Luxus, da man auch ohne dieses Gerät herrliche Eiscreme machen kann (siehe Seite 150–161). Andererseits können Sie damit viel Freude haben und Zeit sparen.

### 5 PALETTE

Für Glasuren, um Teig glatt zu streichen oder kleine Kuchen und Kekse auf ein Kuchengitter zum Abkühlen zu heben. Gut, wenn man sie in mehreren Größen hat.

### 6 ZISELIERMESSER

Spezialmesser, um Früchte in besondere Formen zu schneiden oder Äpfel für die Tarte Tatin (siehe Seite 116) zu entkernen.

### 7 ZESTENREISSER

Um Zesten von Zitrusfrüchten abzuziehen, die in einer Eiscreme verwendet oder in einer Flüssigkeit pochiert werden. Wenn Sie die Zesten in einfachem Zuckersirup pochieren, erhalten Sie kandierte Zitruszesten.

### 8 GROSSER METALLSCHNEEBESEN

Wenn Sie öfter oder größere Mengen backen, lohnt sich die Anschaffung eines Profi-Schneebesens.

# TECHNIKEN

Alle Rezepte in diesem Buch enthalten ausführliche Schritt-für-Schritt-Anleitungen, sodass Sie sofort loslegen können. Die folgenden Hinweise sind daher eher eine Art Mini-Meisterklasse in Backtechniken. Die ersten beiden Abschnitte – Grundtechniken und Techniken für Fortgeschrittene – bieten eine kurze Einführung für weniger erfahrene oder Gelegenheitsbäcker. (Doch selbst Profis können hier vielleicht noch etwas lernen.)

Der dritte Abschnitt – Backen mit Alternativen – ist ein Leitfaden, in dem Sie erfahren, welche Veränderungen notwendig sind, um ohne das traditionelle Zutaten-Triumvirat – Mehl, Butter und/oder Zucker – zu backen. Viele der Rezepte in diesem Buch sind weizen-, milch- oder zuckerfrei, dieser Abschnitt wird Sie mit dieser alternativen Backweise vertraut machen. Mithilfe dieser Richtlinien können Sie auch alte überlieferte Rezepte in gesündere umwandeln.

## GRUNDTECHNIKEN

### 1 ALLGEMEINE TIPPS

**Machen Sie sich Notizen**
Sie wissen nie im Voraus, wann aus einem Experiment etwas Wundervolles entsteht. Gewöhnen Sie sich an, stets Papier und Bleistift zur Hand zu haben, um zu notieren, was Sie gemacht haben.

**Stellen Sie sich auf Experimente ein, wenn Sie Zutaten ersetzen**
Wenn Sie z. B. Dinkelmehl statt Vollkornmehl nehmen oder Fruktose statt Zucker, werden Sie feststellen, dass deren Eigenschaften anders sind. Sie ergeben andere Texturen, saugen andere Mengen Flüssigkeit auf usw. Das soll Sie nicht vom Ausprobieren abhalten – nur beobachten Sie die Ergebnisse für den Fall, dass Sie die Rezepte das nächste Mal optimieren wollen.

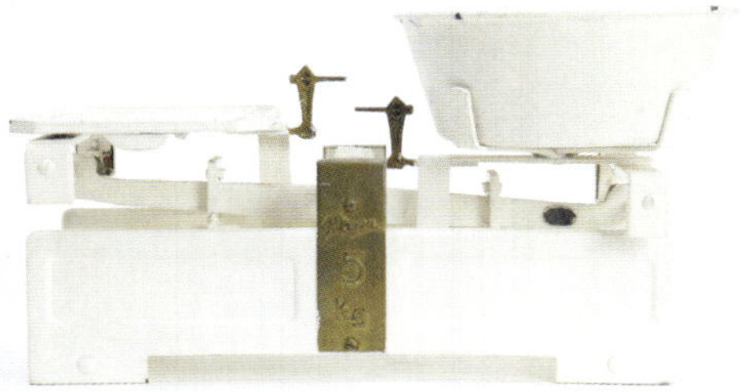

**Wiegen Sie zunächst alles ab**
Küchenchefs nennen das „mise en place" – wörtlich „an seinen Platz stellen". So läuft die Zubereitung einfacher und ordentlicher ab. Männer vergessen diesen Ratschlag gern.

ACHTEN SIE VORAB DARAUF, DASS DER TOPF, DIE SCHÜSSEL ODER DIE FORM IN DER RICHTIGEN GRÖSSE BEREITSTEHT.

### 2 MISCHEN & WIEGEN

**Wiegen Sie Wasser auf Ihrer Waage ab**
Mit einem Messbecher kann man grob das Volumen bestimmen. Wiegt man Wasser ab, ist weniger Spielraum für Ungenauigkeiten. Wasser wiegt in Gramm genauso viel wie sein Volumen in Millilitern (1 g = 1 ml). Aber einige Flüssigkeiten, wie Honig, sind dichter und wiegen mehr als ihr Volumen oder sind weniger dicht, wie Sahne, und wiegen deshalb weniger. Daher sollten sie gewogen werden.

# UMRECHNUNGSTABELLE FÜR HÄUFIG GEBRAUCHTE MASSE IN GROSSBRITANNIEN*

### LÄNGEN

| | |
|---|---|
| 5 mm | 1/4 Inch |
| 1 cm | 1/2 Inch |
| 1,5 cm | 3/4 Inch |
| 2,5 cm | 1 Inch |
| 5 cm | 2 Inches |
| 7 cm | 3 Inches |
| 10 cm | 4 Inches |
| 12 cm | 5 Inches |
| 15 cm | 6 Inches |
| 18 cm | 7 Inches |
| 20 cm | 8 Inches |
| 23 cm | 9 Inches |
| 25 cm | 10 Inches |
| 28 cm | 11 Inches |
| 30 cm | 12 Inches |
| 33 cm | 13 Inches |

### OFENTEMPERATUREN

| | | |
|---|---|---|
| 110 °C | (225 °F) | Gas Stufe 1/4 |
| 120 °C | (250 °F) | Gas Stufe 1/2 |
| 140 °C | (275 °F) | Gas Stufe 1 |
| 150 °C | (300 °F) | Gas Stufe 2 |
| 160 °C | (325 °F) | Gas Stufe 3 |
| 180 °C | (350 °F) | Gas Stufe 4 |
| 190 °C | (375 °F) | Gas Stufe 5 |
| 200 °C | (400 °F) | Gas Stufe 6 |
| 220 °C | (425 °F) | Gas Stufe 7 |
| 230 °C | (450 °F) | Gas Stufe 8 |

### FLÜSSIGKEITEN

| | |
|---|---|
| 15 ml | 1/2 fl oz |
| 25 ml | 1 fl oz |
| 50 ml | 2 fl oz |
| 75 ml | 3 fl oz |
| 100 ml | 3 1/2 fl oz |
| 125 ml | 4 fl oz |
| 150 ml | 1/4 Pint |
| 175 ml | 6 fl oz |
| 200 ml | 7 fl oz |
| 250 ml | 8 fl oz |
| 275 ml | 9 fl oz |
| 300 ml | 1/2 Pint |
| 325 ml | 11 fl oz |
| 350 ml | 12 fl oz |
| 375 ml | 13 fl oz |
| 400 ml | 14 fl oz |
| 450 ml | 3/4 Pint |
| 475 ml | 16 fl oz |
| 500 ml | 17 fl oz |
| 575 ml | 18 fl oz |
| 600 ml | 1 Pint |
| 750 ml | 1 1/4 Pints |
| 900 ml | 1 1/2 Pints |
| 1 Liter | 1 3/4 Pints |
| 1,2 Liter | 2 Pints |
| 1,5 Liter | 2 1/2 Pints |
| 1,8 Liter | 3 Pints |
| 2 Liter | 3 1/2 Pints |
| 2,5 Liter | 4 Pints |
| 3,6 Liter | 6 Pints |

### GEWICHTE

| | |
|---|---|
| 7 g | 1/4 oz |
| 14 g | 1/2 oz |
| 21 g | 3/4 oz |
| 28 g | 1 oz |
| 57 g | 2 oz |
| 85 g | 3 oz |
| 113 g | 4 oz |
| 142 g | 5 oz |
| 170 g | 6 oz |
| 200 g | 7 oz |
| 225 g | 8 oz |
| 255 g | 9 oz |
| 280 g | 10 oz |
| 310 g | 11 oz |
| 340 g | 12 oz |
| 370 g | 13 oz |
| 400 g | 14 oz |
| 425 g | 15 oz |
| 450 g | 1 lb |
| 570 g | 1 1/4 lb |
| 680 g | 1 1/2 lb |
| 800 g | 1 3/4 lb |
| 900 kg | 2 lb |
| 1,1 kg | 2 1/2 lb |
| 1,35 kg | 3 lb |
| 1,6 kg | 3 1/2 lb |
| 1,8 kg | 4 lb |

*Die Umrechungstabelle bietet nur Annährungswerte.

## Arbeiten mit unterschiedlichen Herdtypen

Alle Rezepte in diesem Buch sind mit Backöfen getestet worden, die keine Umluft haben. Wenn Sie ohne Umluft backen, sollten Sie den Kuchen auf mittlerer Schiene mittig platzieren, weil die Hitze aufsteigt und es oben heißer wird als unten.

Wenn Sie einen Umluftofen benutzen, senken Sie die in den Rezepten angegebene Temperatur um 20 °C. Moderne Umluftöfen lassen die Hitze gleichmäßig im Ofen zirkulieren, sodass man sich über die Positionierung des Kuchens keine Gedanken machen braucht. Selbst wenn Sie mehrere Backbleche eingeschoben haben, wird der Ventilator die Hitze gleichmäßig verteilen.

Unabhängig vom Herdtyp werden Sie bald merken, dass Ihr Ofen ganz bestimmte Eigenarten hat. Deshalb müssen Sie sich nicht streng an die Angaben im Backrezept halten.

EIN LEITFADEN FÜR

# Backformen

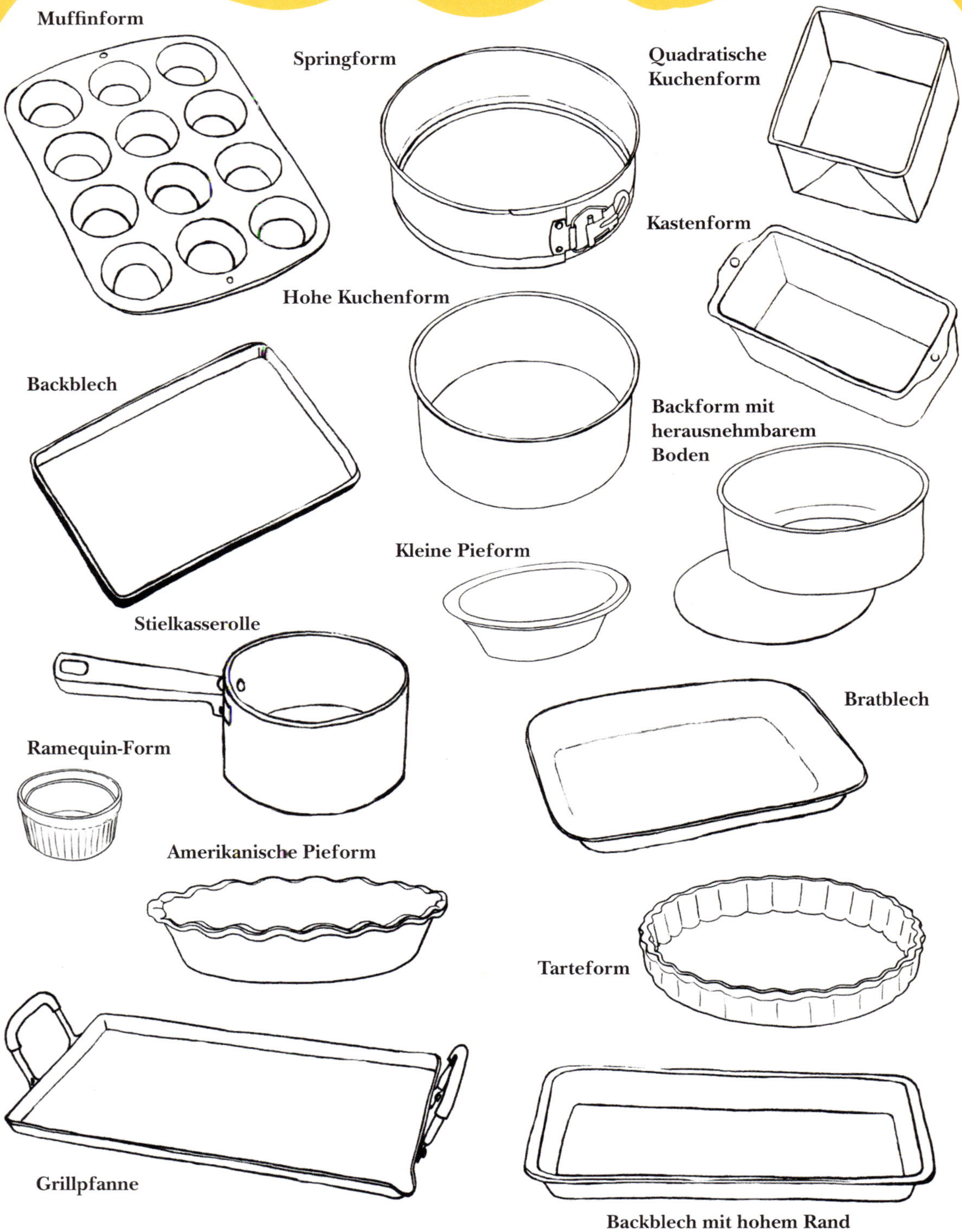

**Sieben**

Geben Sie die Zutaten, die Sie sieben wollen, in ein großes Sieb, das Sie über eine Schüssel halten. Neigen Sie das Sieb um 30° und schlagen Sie wiederholt mit einem Metalllöffel oder einem Messerrücken auf den unteren Rand, bis das Sieb leer ist. Bei Puderzucker können Sie die letzten Klümpchen mit dem Löffelrücken durchreiben.

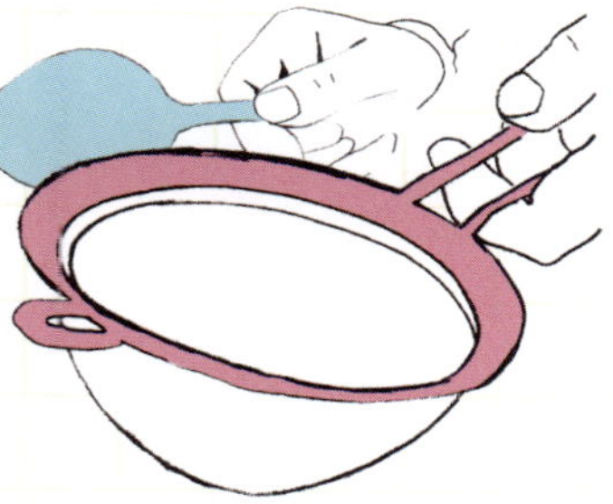

**Trockene Zutaten vermischen**

Manchmal ist kein Sieben nötig. Wenn Klümpchen nicht stören und Treibmittel oder Gewürze lediglich gleichmäßig in Mehl einzuarbeiten sind, ist ein Schneebesen sehr hilfreich.

**Schaumig rühren**

Es gibt zwei Arten, Butter und Zucker schaumig zu rühren. Wir erwähnen in jedem Rezept, welche erforderlich ist.

***Traditionell*** – diese Methode dauert etwas länger, sorgt aber für leichte Kuchen. Verrühren Sie die weiche Butter gut mit dem Zucker (idealerweise mit einem elektrischen Rührgerät), um möglichst viel Luft unterzurühren. Dann fügen Sie die anderen Zutaten in dieser Reihenfolge zu: Eier, etwas Mehl, etwas Flüssigkeit, dann das übrige Mehl und abschließend die restliche Flüssigkeit.

***Die Zwei-Phasen-Mischmethode*** – vor allem in Amerika üblich – ergibt weiche, aber etwas schwerere Kuchen. Sie ist weniger zeitintensiv. Vermischen Sie alle trockenen Zutaten in einer Schüssel, dann rühren Sie die Butter ein, bevor Sie die flüssigen Zutaten zugeben und einarbeiten.

**Unterheben**

So vermischen Sie zwei zähfließende Substanzen, wobei die Luft, die in einer der Substanzen eingeschlossen ist, erhalten bleibt (z. B. geschmolzene Schokolade und Eischnee oder Fruchtpüree und Schlagsahne). Wir haben unterschiedliche Methoden gelernt, wie man etwas unterhebt, aber das Prinzip ist dasselbe: Arbeiten Sie behutsam und ohne drückende Bewegungen oder solche, die Luft entweichen lassen.

***Claires Methode:*** Nehmen Sie einen Silikonspatel, um schnell, aber behutsam die mit Luft durchsetze Eimasse oder Sahne unter die anderen Zutaten zu heben. Dabei bilden sich Wirbel in der Mischung, die Sie nicht herausrühren sollten.

***Henrys Methode:*** Geben Sie die luftigere Masse auf die zweite in einer großen Schüssel. Nehmen Sie einen großen Metalllöffel und schneiden Sie damit senkrecht durch die Mitte der Schüssel. Sobald Sie den Schüsselboden berühren, ziehen Sie den Löffel zu sich nach oben, heben dabei die Mischung behutsam an und wenden diese, sodass die Unterseite oben liegt. Drehen Sie die Schüssel um 45° und wiederholen Sie die Schritte, bis alles vermengt ist.

# 3 EIER

**Kauf**
Nehmen Sie mittelgroße Hühnereier aus Freilandhaltung oder Bio-Eier. Hühner, die gut gefüttert und versorgt wurden, produzieren gelbes, glänzendes Eigelb.

**Aufbewahrung**
Wenn Sie in einer kalten Region leben oder Ihre Eier in wenigen Tagen aufbrauchen, können Sie diese außerhalb des Kühlschranks aufbewahren. Wenn Sie sie für längere Zeit lagern wollen oder eine Hitzewelle herrscht, stellen Sie sie in den Kühlschrank (möglichst in einem luftdichten Behälter, um Gerüche von anderen Nahrungsmitteln fernzuhalten).

**Eier erwärmen**
Eier, die Sie zum Backen verwenden, sollten immer Zimmertemperatur haben. Kommen sie direkt aus dem Kühlschrank, tauchen Sie sie für einige Minuten in warmes Wasser, um den Vorgang zu beschleunigen.

## Schnelle Vanillesauce

Ergibt 600 ml
Vorbereitungszeit: 5 Minuten
Garzeit: 15 Minuten
WF GF V

1 **Vanillestange**
500 g **Crème double**
100 ml **Milch**
180 g **Feinstzucker**
5 **Eigelb** von **Bio-Eiern**, zimmerwarm
**Meersalz**

1. Halbieren Sie die Vanillestange längs und geben Sie sie mit Sahne, Milch und Zucker in einen Topf. Bringen Sie alles unter Rühren zum Kochen, bis der Zucker aufgelöst ist. Nehmen Sie den Topf vom Herd und lassen Sie alles 5 Minuten abkühlen.
2. Geben Sie in der Zwischenzeit das Eigelb in einen Mixer und schlagen Sie es 2 Minuten, bis es cremig ist. Fügen Sie 1 Prise Salz zu.
3. Kochen Sie die Sahne erneut auf, entfernen Sie die Vanillestange und gießen Sie die Sahne bei laufendem Mixer langsam zum Eigelb. Die Sahne sollte heiß und die Eier nicht zu kalt sein, damit die Vanillesauce nicht zu sehr andickt. (Wenn Sie eine dickere Sauce bevorzugen, kochen Sie sie behutsam etwas ein.)

TIPP

- Wenn Sie mehr Sahne als in den meisten Rezepten angegeben nehmen und vorsichtig den Zucker mit der Sahne erhitzen, statt ihn zum Eigelb zu geben, können Sie es sich ersparen, die Vanillesauce auf dem Herd einzudicken, wobei sich oft Klümpchen bilden.

**Eier aufschlagen**
Schlagen Sie die Schalen gegen eine flache Arbeitsfläche, nicht gegen einen Schüsselrand, oder mit einem Messer auf. So werden seltener Splitter der Schale in das Ei gedrückt.

**Eier trennen**
Halten Sie beide Schalenhälften des aufgeschlagenen Eis über eine Schüssel. Lassen Sie das Eigelb von einer in die andere Schalenhälfte gleiten, bis das gesamte Eiweiß in die Schüssel gelaufen ist. Dann geben Sie das Eigelb in eine zweite, kleinere Schüssel. Das Eiweiß darf kein Eigelb enthalten, sonst lässt es sich nicht steif schlagen.

**Eiweiß steif schlagen**
Es ist leichter, das Eiweiß älterer Eier steif zu schlagen. Eiweiß frischer Eier gerinnt schneller. ACHTEN SIE DARAUF, DASS SCHÜSSEL UND SCHNEEBESEN SEHR SAUBER SIND. Verunreinigungen wie Schmutz – vor allem Fett, wie es im Eigelb vorkommt – können dazu führen, dass sich das Eiweiß nicht richtig steif schlagen lässt. Eine Prise Salz oder Weinstein hilft beim Steifschlagen. Das Eiweiß darf nicht zu lange geschlagen werden: Bilden sich Spitzen, ist es steif; schlägt man länger, dann wird es körnig und der Eischnee fällt zusammen.

## 4 SCHOKOLADE – GRUNDLAGEN
**(siehe auch Seite 44)**

**Kauf**
Die meisten Rezepte hier erfordern Schokolade mit hohem Kakaoanteil (über 70 %). Bei Schokolade bekommen Sie in der Regel genau das, wofür Sie bezahlen. Heute sind auch Schokoladen erhältlich, die nicht mehr als 64 % Kakaoanteil haben und dennoch sehr gut schmecken.

**Aufbewahrung**
Hitze und Wasser sind Feinde der Schokolade. Feuchtigkeit entzieht der Schokolade den Zucker und sorgt für einen weißen Belag, den man Reif nennt. Reif hat zwar keine Auswirkung auf den Geschmack der Schokolade, sieht aber nicht gut aus. Schmilzt Schokolade oberflächlich und wird dann wieder fest, verliert sie oft den Glanz und knackt nicht mehr so schön, wenn Sie die Tafel brechen. Schokolade hält sich lange, wenn sie luftdicht, trocken und kühl gelagert wird.

**Schmelzen**
Wie bereits oben erwähnt, hasst Schokolade Hitze. Sie schmilzt bei einer Temperatur ab 34 °C, also niedriger als die Körpertemperatur. Wenn man sie über 50 °C erhitzt, werden die Emulgatoren beschädigt, und sie zerfällt in ihre einzelnen Bestandteile – Fett und Feststoffe. Zerlassen Sie Schokolade daher in einem Topf, der über einem größeren Topf mit sanft köchelndem Wasser sitzt. (Achten Sie darauf, dass keine Wassertropfen in die schmelzende Schokolade gelangen, denn dadurch könnten feste Klumpen entstehen.) Sie können große Mengen Schokolade auch in einem exakt einstellbaren Ofen zerlassen, der auf unter 50 °C eingestellt wurde, was ein paar Stunden dauert. Schokolade kann ebenso in einem Topf bei sehr sanfter Hitze und unter ständigem Rühren zerlassen werden, doch ist diese Methode nicht sehr ratsam. Außerdem können Sie Schokolade in der Mikrowelle in 30-Sekunden-Intervallen zerlassen, wobei zwischendurch immer wieder umgerührt werden muss.

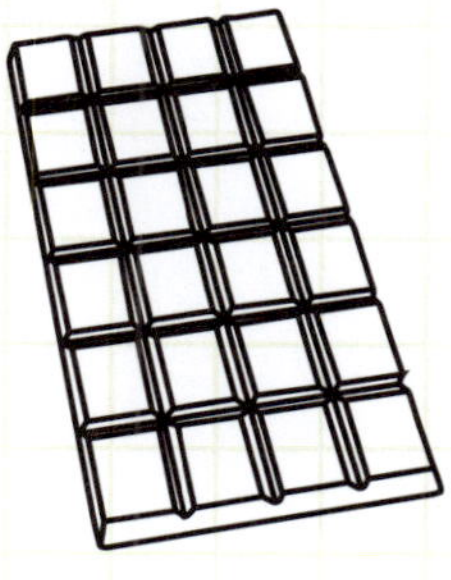

## 5 SAHNE

**Sahnearten**

Sahne wird je nach Fettgehalt unterschiedlich benannt. Hat sie einen höheren Fettanteil, ist sie üppiger sowie dicker und kann leichter steif geschlagen werden. Sahne mit höherem Fettanteil ist auch stabiler und gerinnt daher seltener, wenn sie erhitzt oder Säure zugegeben wird. Crème double, die einen hohen Fettgehalt hat, kann z. B. ohne Weiteres gekocht werden, während Crème légère beim Kochen zerfällt. Über Crème double können Sie zudem Zitronensaft auspressen, was man bei Crème légère besser nicht macht.

Die Bezeichnungen für die verschiedenen Sahnearten variieren von Land zu Land. Die meistverwendeten Arten in Deutschland sind folgende:

**Schlagsahne**

Enthält mindestens 30 % Fett, kann steif geschlagen werden und behält ihre Form. Sie wird nicht gerinnen, wenn Sie Saures zugeben oder sie erhitzen.

**Crème double**

Enthält mindestens 40 % Fett, lässt sich steif schlagen und gerinnt nicht. Man kann sie aber leicht zu steif schlagen, sodass sie zu fest wird.

**Saure Sahne**

Sahne, die mit einer Bakterienkultur gesäuert wurde, um Milchsäure zu bilden. Sie hat einen unverwechselbar intensiven Geschmack, wird gern zum Backen verwendet oder als Beilage serviert, wenn Üppigkeit und Schärfe gefordert sind (z. B. für frische Beeren, Ofenkartoffeln oder in Burritos).

**Crème fraîche**

Das ist die Crème-double-Variante des Sauerrahms. Sie schmeckt vorzüglich: Man kann sie auf Desserts oder in Saucen geben. Sie gerinnt nicht so leicht.

**Ultrahocherhitzte Sahne**

Diese Sahne wurde sterilisiert, damit sie länger hält. Daher schmeckt sie nicht so gut wie frische Sahne. Henry hat jedoch einmal in der Not (da der Tante-Emma-Laden nichts anderes hatte) seine Eiscreme damit gemacht: Das Ergebnis war zwar eine andere Eiscreme als sonst üblich, doch sie war erstaunlich lecker.

**Kochsahne**

Kochsahne enthält üblicherweise 15 % Fett. Sie kann nicht steif geschlagen werden, eignet sich aber vorzüglich zum Verfeinern von Gerichten und Binden von Saucen.

**Sahne zum Steifschlagen**

Verwenden Sie Schlagsahne oder Crème double. Sie muss kalt sein (wenn sie warm ist, wird daraus Butter). Sahne lässt sich einfacher schlagen als Eiweiß, aber auch leichter überschlagen. Deshalb ist es sicherer, sie mit einem Schneebesen und nicht mit einem elektrischen Rührgerät zu schlagen. Ein Schneebesen wird den luftigsten Schaum produzieren. Wenn Sie Sahne im Voraus zubereiten und bis zur Verwendung im Kühlschrank aufbewahren, schlagen Sie sie nicht ganz steif, denn sie wird im Kühlschrank fester.

***Steifschlagen: die Fun-Methode***
Wenn Sie ein klassisches Bananensplit zubereiten oder einfach kindisch mit Sahne spielen möchten, sollten Sie sich einen Sahnesiphon kaufen. Er arbeitet mit $N_2O$-Patronen. Mit diesem Gerät gelingen Ihnen schaumige Sahnekringel. Wir verwenden den Sahnesiphon für Leons hauchfein gesalzenes Karamell-Bananensplit (siehe Seite 281).
Hinweis 1: Die Sahne ist nicht sehr fest und zerläuft binnen 30 Minuten (anders als Sahne, die mit einem Schneebesen geschlagen wird). Dekorieren Sie daher Ihr Dessert erst im letzten Moment damit.
Hinweis 2: $N_2O$ ist auch als Lachgas bekannt und kann eine euphorische Stimmung erzeugen, wenn man es direkt aus dem Sahnesiphon inhaliert. Doch lassen Sie die Finger davon, wenn Sie nicht gerade gebären und eine Hebamme in der Nähe ist.

## 6 MÜRBE- UND BLÄTTERTEIG – GRUNDLAGEN

**Allgemeine Tipps**
Bei den meisten Mürbeteigarten ist es wichtig, kleine Butterstückchen im Teig einzuschließen, die beim Backen schmelzen. Wenn das in der Butter enthaltene Wasser verdunstet sowie als Dampf entweicht und dabei den Teig hochtreibt, entsteht ein köstlich mürber Teig. Achten Sie darauf, dass alle Zutaten kalt sind (außer etwas anderes ist gefordert) und dass Sie in einem kühlen Raum arbeiten (schmilzt die Butter, bevor sie gebacken wird, erhalten Sie eher einen festen Teig).

Lassen Sie den Teig immer mindestens eine halbe Stunde im Kühlschrank ruhen, ehe Sie ihn ausrollen. (So kann sich das Gluten ausdehnen, was die Arbeit erleichtert.)

Wenn Sie Teig für eine Tarteform ausrollen, reduzieren Sie den Druck am Teigrand, damit er nicht zu dünn wird.

Je nach Mehl- und Fettart, Luftfeuchtigkeitsgrad usw. fällt der Teig unterschiedlich aus. Wenn Sie Ihre Backkunst perfektionieren wollen, beobachten Sie genau, was passiert, und machen Sie sich Notizen. So lernen Sie mit der Zeit, wann ein extra Spritzer Wasser oder eine Prise Mehl mehr angebracht sind.

**Grundteig**
Wir verwenden als Grundteig in diesem Buch einen Halbblätterteig, einen Mürbeteig ohne Ei und einen Mürbeteig für Tartes. Beim Blätterteig trennen dünne Fettschichten die zarten Teiglagen, sodass der Teig in dünne Blättchen aufgeht. Mürbe- und Tarteteig werden mürbe, weil das Fett in das Mehl eingearbeitet wurde. Jede Teigart ist in den Rezepten genau beschrieben, wir erläutern die Grundlage hier aber zudem, damit Sie sie bei Bedarf schnell nachschlagen können. (Außerdem finden Sie einen mit heißem Wasser zubereiteten Krustenpastetenteig für die Schweinepastete auf Seite 284.)

Henry ist der Auffassung, dass das Leben zu kurz ist, um selbst Blätterteig herzustellen. Heute gibt es im Supermarkt qualitativ hochwertige Blätterteige mit Butter.

# Tarteteig

Ergibt 1 flachen Boden von 20–23 cm Ø

140 g **Weizenmehl**
2 EL **Feinstzucker**
100 g **Butter**, zerlassen
1 EL **heller Essig**

1. Verkneten Sie die Zutaten kurz in der Küchenmaschine. Legen Sie eine Tarteform damit aus, indem Sie den Teig von Hand flach drücken.

# Mürbeteig ohne Ei

Ergibt 300 g

200 g **Weizenmehl**
1 Prise **Salz**
75 g **Butter**, in 1 cm großen Würfeln
2½ EL kaltes **Wasser**

1. Sieben Sie Mehl und Salz durch und geben Sie die Butter dazu. Arbeiten Sie die Butter in das Mehl ein, bis ein streuselartiger Teig entsteht.
2. Träufeln Sie das Wasser über den Teig und kneten Sie es ein, bis ein elastischer, weicher Teig entsteht.
3. Wickeln Sie den Teig in Frischhaltefolie und lassen Sie ihn mind. 30 Minuten im Kühlschrank ruhen, ehe Sie ihn weiterverarbeiten.

# Halbblätterteig

Die gleichen Zutaten wie oben, die Butterwürfel sollten aber größer sein und nicht gänzlich im Mehl verknetet werden.

## 7 KUCHEN BACKEN

**Slow & low**
Wenn Ihnen beim Backen eines Kuchens Zweifel kommen, backen Sie ihn slow (langsam) und bei niedriger Temperatur (low), um einen saftigen Kuchen zu erhalten. Die Methode ist nach einem Rap-Song benannt, den Claire besonders gern mag. „Slow and low that is the tempo" („Langsam und sacht, so ist das Tempo") lautet der Text, und das wurde Claires Backmantra.

**Garprobe**
Es gibt drei Arten, um zu prüfen, ob ein Gebäck gar ist.
***Holzspießmethode:*** Sie eignet sich für festere Kuchen. Stechen Sie einen Holzspieß (oder ein Messer) in die Mitte des Kuchens und ziehen Sie ihn wieder heraus. Ist er sauber, ist der Kuchen gar.
***Horchmethode:*** Henrys Schwiegermutter Petra (siehe Seite 274) schwört bei Früchtekuchen darauf. Öffnen Sie die Ofentür, nehmen Sie den Kuchen raus und hören Sie ihm zu. Ein Früchtekuchen wird freundlich zischen, wenn er noch nicht gar ist. Zischt er nicht mehr, ist er gar.
***Druckmethode:*** Sie ist für leichte Kuchen wie Biskuit geeignet. Drücken Sie mit dem Finger vorsichtig auf die Oberfläche des Kuchens: Springt sie zurück, ist er gar, bleibt eine leichte Delle, ist er nicht gar.

## 8 GLASUREN & TORTENCREMES

Wir verwenden vor allem drei Glasuren und Tortencremes in diesem Buch: Zuckerglasur, Eiweißglasur und Buttercreme.

Die **Zuckerglasur** ist eine Mischung aus Wasser (oder Fruchtsaft oder Fruchtpüree) und Puderzucker, die nach dem Trocknen einen zarten und leicht knusprigen Überzug ergibt.

Die **Eiweißglasur** ist ebenfalls eine Zuckerglasur, die aber mit Eiweiß zubereitet wird, um den Überzug knackiger zu machen.

**Buttercreme** ist eine üppige Creme aus Zucker, Butter und Aromen. Claire hat auch eine vegane Vanillecreme erfunden – eine Variante der Buttercreme, die mit Kokosfett, Sojamilch und Agavendicksaft statt Butter und Zucker zubereitet wird. Sehr lecker.

Die Rezepte finden Sie auf folgenden Seiten:

## 9 AUFBEWAHRUNG

**Kuchen, Brot & Kekse**
Diese sollten alle in Butterbrotpapier eingeschlagen und bei Zimmertemperatur in einem luftdichten Behälter aufbewahrt werden. Im Kühlschrank werden sie schneller altbacken (Stärke kristallisiert schneller bei kälteren Temperaturen). Brot kann man gut einfrieren. Sie können es auch aufschneiden und in luftdichten Gefrierbeuteln einfrieren. Legen Sie es dann tiefgefroren in den Toaster.

**Backzutaten**
Alle Zutaten im Kühlschrank sollten am besten in einem luftdichten Behälter aufbewahrt werden, um zu verhindern, dass sie Gerüche von anderen Lebensmitteln annehmen. Zutaten wie Mehl und Zucker sollten in luftdichten Gefäßen außerhalb des Kühlschranks verstaut werden, damit sie keine Feuchtigkeit annehmen.

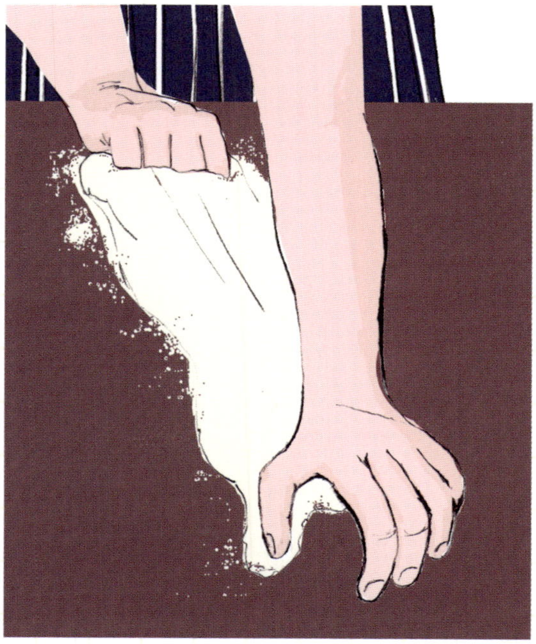

## 10 TEIG

**Kneten**
Beim Kneten muss sich das Gluten entwickeln. Das erfordert Energie. Henry liebt es, beim Brotbacken ins Schwitzen zu geraten. Er ist der Meinung, dass nicht richtig geknetet wurde, wenn man nicht ins Schwitzen gerät. Kräftige lange Züge mit dem Handballen sind das A und O. Claire ist ein Fan der Schlagmethode: den Teig hoch und lang ziehen und ihn dann auf die Arbeitsfläche werfen, statt zu schieben. Dabei soll möglichst viel Luft in den Teig eingeschlossen und das Gluten entwickelt werden, dann ist weniger Mehl notwendig. Beide Methoden ergeben wunderbare Brote.

## 11 FRÜCHTE

**Entsaften**
Es gibt drei Arten, eine Frucht zu entsaften: mit einem elektrischen Entsafter (für hartes Obst wie Äpfel), mit einer Zitronenpresse (für Zitrusfrüchte) oder mit einem Sieb (für weiche Früchte wie Himbeeren, die mit einem Löffelrücken durch ein Sieb gestrichen werden).

**Zesten**
Achten Sie darauf, dass Sie die bittere weiße Innenhaut nicht mit abreiben. Reiben Sie direkt über der Schüssel, um die hocharomatischen Öle einzufangen, die sonst verloren gehen würden.

**Mango schneiden**
Halbieren Sie die Mango mit einem großen Messer (Abb. 1), indem Sie entlang des großen flachen Steins in der Mitte schneiden. Ziehen Sie dann mit einem kleinen Messer parallele Linien durch das Fruchtfleisch und anschließend quer dazu Linien (Abb. 2). Stülpen Sie die Haut der Mango um, sodass die Fruchtfleischwürfel freiliegen (Abb. 3). Schneiden Sie sie über einer Schüssel ab. Trennen Sie das restliche Fleisch von oben nach unten vom Stein ab.

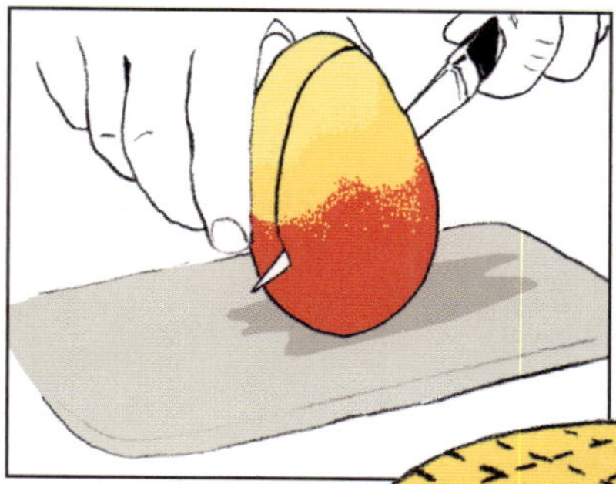
Abb. 1

Abb. 2

**Granatäpfel vorbereiten**
Schneiden Sie oben einen Deckel vom Granatapfel ab. Stülpen Sie den Granatapfel über einer Schüssel um und schlagen Sie mit dem Rücken eines Holzlöffels darauf. Die Samen springen einfach heraus! Granatapfelsaft hat eine intensive Farbe, deshalb sollten Sie Ihre Kleidung und alle porösen Oberflächen schützen.

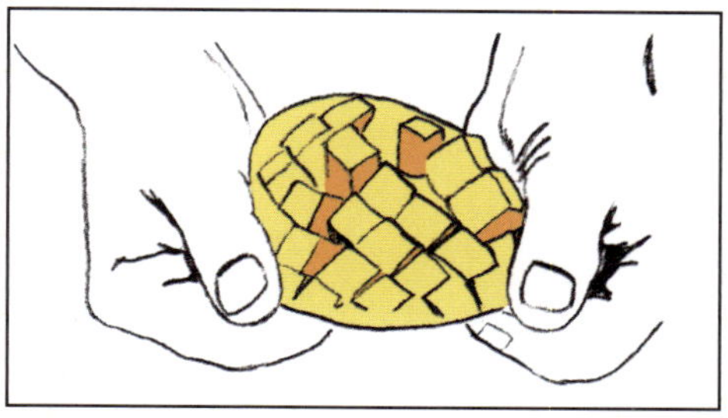
Abb. 3

**Kokosnuss öffnen**
Treiben Sie in jedes der drei schwarzen „Augen“ mithilfe eines Hammers einen Nagel. Lassen Sie das Wasser aus der Kokosnuss in ein Glas laufen. Trinken Sie das Wasser, es ist sehr gesund. Sobald das Wasser ausgelaufen ist, legen Sie die Kokosnuss auf ein mehrfach gefaltetes Geschirrtuch.

Ein Ende der Kokosnuss ist etwas runder. Schlagen Sie mit dem Hammer hier rundum auf den breitesten Kokosnussumfang. Es sollte eine Bruchstelle entstehen. Die Kokosnuss wird dann ganz leicht aufspringen.

## 12 ERSTE HILFE

### WAS TUN, WENN ETWAS SCHIEFLÄUFT

**Ausgeflockte Butter & Eier**
Die Zutaten sollten zimmerwarm sein, bevor Sie anfangen, um ein Gerinnen zu vermeiden. Die Butter sollte sehr weich sein. Schlagen Sie Butter und Zucker mit einem elektrischen Rührgerät schaumig. Das geht leichter als von Hand, und Sie bekommen so genug Luft in die Mischung, damit sie noch die Eier aufnehmen kann. Die Butter-Zucker-Mischung ist schaumig geschlagen, wenn sich ihr Volumen verdoppelt hat und sie fast weiß ist.

Fügen Sie die Eier nach und nach zu und arbeiten Sie jedes Ei gründlich ein.

Wenn Sie einen Kuchen mit vielen Eier machen (wie Victoria-Biskuit), geben Sie 1–2 Teelöffel Mehl zu, um die Mischung zu stabilisieren, aber nicht zu viel, sonst wird der Kuchen zäh.

**Eingefallener Kuchen**
Wenn ein Kuchen Natron, aber keine Säure (z. B. Weinstein) enthält, um es zu neutralisieren, kann er zunächst stark aufgehen und dann zusammenfallen. (Wenn ein Rezept Backpulver verlangt, kann man dies durch eine Natron-Weinstein-Mischung ersetzen).

Beachten Sie stets das Verfallsdatum auf Ihren Backtreibmitteln. Sie halten nicht ewig, und abgelaufene Backtreibmittel sind der Grund für viele misslungene Kuchen.

Wenn zu viel Teig in der Form ist, kann der Kuchen in der Mitte einsinken. Wenn Sie Biskuit backen, füllen Sie immer nur drei Viertel der Form, damit der Teig genug Platz zum Aufgehen hat. Früchtekuchen gehen nicht so stark auf, deshalb können Sie die Form etwas höher füllen.

Eingefallener Kuchen kann auch ein Zeichen dafür sein, dass er noch nicht gar ist. Siehe Garprobe.

**Garprobe**
Achten Sie darauf, dass Sie die richtige Methode für die Garprobe wählen (siehe Seite 39), da nicht jede Methode für jeden Kuchen geeignet ist.

Einige Kuchen sollen feucht bleiben – deshalb ist die Holzspießmethode nicht unfehlbar. Ebenso ist die Druckmethode nicht ergiebig, wenn ein Kuchen weich sein soll. Die Horchmethode ist am besten für Früchtekuchen geeignet, und der Kuchenuhr ist nie zu trauen.

Machen Sie sich Notizen zu den Rezepten. Wenn Ihnen beim ersten Mal ein Fehler unterläuft, können Sie es beim nächsten Mal besser machen. Wichtig ist, dass Sie lernen, Ihrem Instinkt zu vertrauen.

Versuchen Sie nicht, das Abkühlen eines Kuchens zu beschleunigen. Wenn ein Kuchen abkühlt, backt er noch nach. Wenn man versucht, den Prozess zu beschleunigen, kann er zusammenfallen.

**Blindbacken**
Legen Sie die Form mit dem Teig aus und stellen Sie den Teig mindestens 20 Minuten im Kühlschrank oder 10 Minuten im Gefrierfach kalt. So rutschen die Teigränder nicht nach unten.

Fetten Sie ein Stück Backpapier, das Sie auf den Teig legen, ein, damit nichts daran festkleben kann. Füllen Sie die Form bis zum Rand mit getrockneten Bohnen, Linsen oder Reis. Wenn der Kuchenboden so fest gebacken ist, dass sich seine Form nicht mehr verändern kann, entfernen Sie die Bohnen und das Papier und backen Sie den Boden weiter, bis er gerade goldbraun ist.

Wenn Sie einen lockereren Teig bevorzugen, belegen Sie ihn beim Backen lediglich mit Alufolie oder Backpapier.

**Umluftöfen**
Oft finden Sie die Anweisung, den Kuchen auf der mittleren Schiene zu backen, da die aufsteigende Hitze den Backofen in der oberen Hälfte stärker erwärmt als unten. In modernen Umluftöfen zirkuliert die Hitze gleichmäßig im ganzen Backrohr, deshalb ist es nicht wichtig, auf welcher Schiene der Kuchen eingestellt wird. Selbst wenn Sie mehrere Kuchen auf verschiedenen Schienen in den Ofen schieben, erreicht die Hitze durch das Umluftgebläse alle Kuchen gleichmäßig.

Alle Rezepte in diesem Buch wurden ohne Umluft getestet, die Kuchen wurden auf der mittleren Schiene gebacken. Wenn Sie den Kuchen in einem Umluftofen backen, senken Sie die vorgeschriebene Temperatur um 20 °C.

**Baiser**
Um perfekte Baisers zu backen, muss man die Ofentür während des Backvorgangs mehrmals öffnen, sodass das Kondenswasser austreten kann. Dann werden die Baisers außen trocken und bleiben innen feucht.

(In dem Rezept für Pawlowa auf Seite 140 wird Stärke und Essig zugefügt, um das Innere feucht zu halten.)

**Buttermilch und Joghurt**
Buttermilch und Joghurt machen einen Kuchen durch ihre Säure weich und feucht. Sie sollten zimmerwarm sein, bevor sie dem Teig zugegeben werden. Wenn Sie keine Buttermilch haben, können Sie Naturjoghurt mit Vollmilch im Verhältnis 1:1 mischen. Alternativ können Sie 1 Esslöffel frisch gepressten Zitronensaft mit 200 ml Milch vermengen, das entspricht 225 ml Buttermilch.

**Ersatz für braunen Zucker**
Falls Sie keinen braunen Zucker zur Hand haben, geben Sie 1 Esslöffel Melasse oder Sirup auf 200 g Feinstzucker, um den gleichen Geschmack zu erzielen.

**Gebackene Teigböden flicken**
Wenn Sie einen Teigboden blindbacken und anschließend entdecken, dass er kleine Löcher oder Risse hat, können Sie ihn flicken, solange er noch heiß ist. Verwenden Sie dazu Teigreste, die beim Ausrollen übrig geblieben sind. Die rohen Teigflicken backen auf dem heißen Teig noch nach und ergeben so kleine „Siegel".

**Gewölbte Kuchen/Muffins**
Vor allem zwei Gründe führen dazu, dass Kuchen sich manchmal in der Mitte wölben.
(a) Das Metall an den Rändern der Form leitet die Hitze schneller. Die Ränder des Kuchens werden schneller fest, während die Kuchenmitte weiterhin backt und aufgeht.
(b) Die Struktur des Kuchens ist zu fest, was bis zum Ende des Backvorgangs verhindert, dass die aufsteigenden Gase entweichen können. Dann aber brechen sie in kleinen Tunneln durch die Mitte aus. Vielleicht ist der Teig zu stark gemischt worden, nachdem das Mehl zugegeben wurde, und die Luftbläschen versuchen, über die Mitte zu entkommen. Wenn sich Gluten bildet, wird das Innere des Kuchens trocken und zäh.

## 1 GLÄSER STERILISIEREN

Zum Sterilisieren stellen Sie saubere, gewaschene und getrocknete Einmach- oder Marmeladegläser (ohne Deckel) in den kalten Backofen. Erhitzen Sie den Backofen auf 170 °C/Gas Stufe 3½ und stellen Sie die Herduhr auf 20 Minuten. Wenn die Uhr läutet, schalten Sie den Ofen ab, lassen die Gläser aber im Rohr. Füllen Sie die Gläser, solange sie noch warm sind, mit Konfitüre, Gelee, Chutney oder Sirup.

## 2 SCHOKOLADE – FÜR FORTGESCHRITTENE

**Temperieren**
Die Schokolade, die wir essen, hat ihren Glanz und „Knack" durch die kristalline Struktur der Kakaobutter. Diese Butter kann auf sechs verschiedene Arten kristallisieren, aber nur eine davon ist richtig. Das können Sie beobachten, wenn Sie eine Tafel Schokolade nehmen, diese schmelzen und dann wieder fest werden lassen. Sie wird eine mattere Farbe haben und weich sein, weil die Kristalle sich falsch zusammengesetzt haben. Das ist nicht weiter schlimm, wenn Sie die Schokolade im Kuchen verarbeiten. Doch wenn Sie ein Osterei mit dem richtigen Glanz und „Knack" herstellen möchten, müssen Sie die Schokolade temperieren, damit die Kristallanordnung stimmt. Dazu gibt es drei Vorgehensweisen:

**Thermometer-Methode**
Verlangt Konzentration, ist aber sicher.

1. Geben Sie 150 g Schokolade in eine Schüssel. Stellen Sie die Schüssel über einen Topf mit Wasser, das gerade gekocht hat. Schmelzen Sie die Schokolade unter Rühren, bis ein Küchenthermometer 46 °C anzeigt.
2. Lassen Sie die Schokolade 10 Minuten ruhen, bevor Sie wieder rühren. Hacken Sie in der Zwischenzeit 50 g Schokolade. Fügen Sie diese löffelweise zu der geschmolzenen Schokolade. Rühren Sie dabei immer so lange, bis die Schokoladenmasse ganz glatt ist.
3. Die Schokolade muss auf 30 °C abkühlen. Vielleicht benötigen Sie nicht die Gesamtmenge von 50 g Schokolade.
4. Bringen Sie das Wasser wieder zum Kochen und nehmen Sie es dann vom Herd.
5. Stellen Sie die Schüssel mit der Schokolade einige Sekunden über das Wasser, um die Temperatur auf 32 °C zu erhöhen.

**Marmorplatten-Methode**
Diese Methode wenden traditionelle Schokoladenhersteller an. Sie macht zwar Spaß, erfordert später aber intensive Reinigung. Sie benötigen eine Marmor- oder Steinplatte (mind. 2,5 cm dick), die ganzflächig kalt sein muss.

Zerlassen Sie eine große Menge Schokolade im Backofen bei max. 50 °C (dunkle Schokolade) oder 40–45 °C (weiße oder Milchschokolade). Gießen Sie ein Viertel der Schokolade auf die Platte. Streichen Sie diese mithilfe eines Teigschabers oder einer Palette über die Platte. Wichtig ist, dass die Schokolade in Bewegung bleibt, damit sie sich nicht absetzt, und dass alles gleichmäßig abkühlt. Geben Sie immer wieder etwas Schokolade auf die Lippen. Wenn sie sich kühler als Körpertemperatur anfühlt, gießen Sie sie zurück in die Schüssel und vermengen Sie sie mit der restlichen Schokolade. Arbeiten Sie zügig.

# BACKEN MIT ALTERNATIVEN

**Mit Alternativen zu Weizenmehl, Butter und Zucker zu backen ist leichter, als Sie vielleicht glauben. Denken Sie bei diesen Alternativen nicht an Ersatzzutaten, sondern an etwas Neues, mit dem Sie experimentieren. Auch wenn Sie nicht viel von Experimenten in der Küche halten, können Sie getrost mit diesen Rezepten arbeiten, wir haben alles ausprobiert und getestet.**

**Wenn Sie experimentierfreudig sind, können Sie die Zutaten auch in Ihren eigenen Rezepten verwenden. Sie werden vermutlich erst durch Ausprobieren die besten Möglichkeiten herausfinden. Ein paar allgemeine Regeln im Folgenden helfen Ihnen, vorherzusagen, wie sich die Zutaten verhalten werden.**

**Mehl**
Reismehl ist eine großartige Alternative zu Weizen, wenn es in Kombination mit etwas Xanthan verwendet wird. Xanthan ist ein guter Ersatz für Gluten. Ohne Xanthan kann es passieren, dass der Kuchen zu krümelig wird. Reismehl hat eine etwas gröbere Struktur als Weizenmehl. Der feingemahlene Reis hat eine krümelige Beschaffenheit, die gemahlenen Mandeln ähnelt und anders ist als die leichte Textur des Weizenmehls.

Auch wenn viele Menschen Mais und Hafer gut verdauen, sind diese nicht für jeden mit einer Weizen- oder Glutenintoleranz geeignet. Wir haben versucht, Rezepte für alle zusammenzustellen.

**Süßmittel**
Immer wenn Feinstzucker verwendet werden soll, geschieht das nicht nur, um zu süßen, sondern auch wegen der Struktur des Zuckers. Deshalb müssen Sie den Ersatz mit Bedacht auswählen. Sie können aber einen weniger raffinierten Zucker wie hellen Streuzucker nehmen.

Agavendicksaft ist ein wunderbares Süßmittel und für unseren Körper viel leichter zu verdauen als Zucker. Außerdem können ihn alle verwenden, die keinen Zucker oder Honig nehmen sollen. Es dauert länger, bis sein Zuckergehalt in den Blutkreislauf gelangt. Daher sind Blutzuckerschwankungen geringer. Wir lieben auch Ahornsirup.

**Alternativen zu Milch & Eiern**
Kokosfett ist eine interessante Alternative, wenn Sie sich von Milchprodukten fern halten müssen. Es ergibt fantastische Glasuren. Kokosfett kann auch zum Backen von einigen Kuchen genommen werden.

Wenn Ihnen Sojamilch bekommt, werden Sie sie auch gern beim Backen einsetzen. Reis- und Kokosmilch sind auch sehr gute Alternativen, aber in der Textur etwas unterschiedlich. Wir benutzen Cashewbutter in unserer Vanilleglasur, zusammen mit Soja- (oder Reis-)Milch und Kokosfett: Die sahnige Konsistenz ist ein Traum.

Als Alternativen für Eier eignen sich Leinsamenmehl oder Chia-Samen. Sie können auch Apfelmus nehmen, um die richtige Konsistenz des Kuchens zu erhalten. Kommerzieller Ei-Ersatz ist gewöhnlich nur Soja- und Kartoffelstärke, die als Bindemittel dienen.

# FÜR JEDEN TAG

FRÜHSTÜCK • POWERSNACKS • TEATIME
DESSERTS • KOCHEN MIT KINDERN
BROT & HERZHAFTES • KONFEKTE

## TISCHFERTIG

MÜSLIS • MILCH • NUSSBUTTER • MUFFINS • PFANNKUCHEN • BROT

## Der Gedanke, fürs Frühstück auch noch zu backen, ist beinahe grotesk.

Die meisten von uns sind am Morgen so in Eile, dass sie auf dem Weg zur Tür nur noch dem Baby den Zwieback aus der Hand nehmen können. Doch das Frühstück kann die schönste Mahlzeit des Tages sein, wenn Sie Zeit zum Genießen haben: Ihr Appetit ist nach zwölf Stunden ohne Essen angeregt, Ihre Geschmacksknospen arbeiten auf Hochtouren und Sie brauchen sich für dieses Gelage nicht mal herzurichten.

Die folgenden Rezepte sind für das Frühstück an Wochentagen und Wochenenden geeignet. Das gesunde Müsli und die Brotaufstriche können Sie am Wochenende zubereiten und dann im Lauf der Woche aufbrauchen. Einige üppigere Gaumenfreuden sind speziell für das Wochenende gedacht.

# Unser Lieblingsmüsli

Ein wunderbar reichhaltiges Müsli. Essen Sie es mit Milch oder Joghurt.

Ergibt 1,6 kg
Vorbereitungszeit: 10 Minuten
Garzeit: 1 Stunde 40 Minuten
❤ WF GF MF V

REZEPT GETESTET VON ROSIE & SAL

600 g **Haferflocken**
125 g **ganze Mandeln** (ungeschält)
50 g **gemahlene Leinsamen**
50 g **Sesamsaat**
50 ml **Ahornsirup**
100 ml **Sonnenblumenöl**
250 ml **flüssiger Honig**
50 g **brauner Zucker**
50 ml **Wasser**
2–3 Tropfen **Vanillearoma**
½ TL **gemahlener Zimt**
1 Prise frisch geriebene **Muskatnuss**
1 Prise **Meersalz**
125 g **getrocknete Aprikosen**, in Streifen
100 g **Sultaninen**
50 g **getrocknete Sauerkirschen**

1. Heizen Sie den Backofen auf 150 °C/Gas Stufe 2 vor. Legen Sie zwei Backbleche mit Backpapier aus.
2. Geben Sie Haferflocken, Mandeln, Leinsamen und Sesamsaat in eine große Schüssel und stellen Sie alles beiseite.
3. Erhitzen Sie in einem Topf Ahornsirup, Sonnenblumenöl, Honig, Zucker und Wasser bei mittlerer Hitze und unter ständigem Rühren, bis alles zerlassen ist.
4. Nehmen Sie die Sirupmischung vom Herd und rühren Sie Vanillearoma, Gewürze und Salz ein. Gießen Sie den Sirup über die Hafermischung und mischen Sie alles gut durch.
5. Verteilen Sie die Mischung auf den Blechen. Backen Sie sie 1 Stunde im Ofen.
6. Nehmen Sie die Bleche aus dem Ofen, wenden Sie die Mischung mehrfach und schieben Sie sie wieder in den Ofen. Reduzieren Sie die Temperatur auf 140 °C/Gas Stufe 1 und backen Sie das Müsli weitere 35–40 Minuten, bis es goldgelb ist. Nehmen Sie es aus dem Ofen und lassen Sie es auskühlen, bevor Sie die Aprikosen, Sultaninen und Sauerkirschen unterrühren.

TIPPS

- Müsli hält sich in einem luftdichten Gefäß wochenlang.
- Für eine Version mit niedrigerem glykämischem Index können Sie Zucker und Ahornsirup durch die gleiche Menge Agavendicksaft ersetzen.

VORHERGEHENDE DOPPELSEITE VON LINKS NACH RECHTS: LUXUSMÜSLI, CLAIRES WELLNESSMÜSLI, UNSER LIEBLINGSMÜSLI

# Claires Wellnessmüsli

Sie werden nicht glauben, wie gut das schmeckt.

Ergibt 1,5 kg
Vorbereitungszeit: 10 Minuten
Garzeit: 1 Stunde 40 Minuten
❤ ✓ WF GF MF V

REZEPT GETESTET VON LUCY & TARQUIN

500 g **Buchweizenflocken**
125 g **ganze Mandeln** (ungeschält)
50 g **gemahlene Leinsamen**
50 g **Sesamsaat**
50 g **Kürbiskerne**
50 g **Amaranth**
250 ml **Agavendicksaft**
50 ml **Olivenöl** (nicht extra vergine)
100 g **Kokosfett**
100 ml **Wasser**
2–3 Tropfen **Vanillearoma**
½ TL **gemahlener Zimt**
1 Prise frisch geriebene **Muskatnuss**
1 Prise **Meersalz**
100 g **Sultaninen**
50 g **Kokosflocken**

Ich habe das Rezept auf einer Entschlackungskur gemacht, doch ich esse es immer noch sehr gern. Die Buchweizenflocken haben einen wunderbar nussigen Geschmack. Durch die Zugabe von Kokosflocken und Olivenöl ist es auch für jene geeignet, die bestimmte Fette meiden müssen.

CLAIRE

1. Heizen Sie den Backofen auf 150 °C/Gas Stufe 2 vor. Legen Sie zwei Backbleche mit Backpapier aus.
2. Mischen Sie Buchweizenflocken, Mandeln, Leinsamen, Sesamsaat, Kürbiskerne und Amaranth in einer großen Schüssel.
3. Erhitzen Sie in einem Topf Agavendicksaft, Olivenöl, Kokosfett und Wasser bei mittlerer Hitze und unter ständigem Rühren, bis alles zerlassen ist.
4. Nehmen Sie die Sirupmischung vom Herd und rühren Sie Vanillearoma, Gewürze und Salz ein. Gießen Sie den Sirup über die trockenen Zutaten und mischen Sie alles gut durch.
5. Verteilen Sie die Mischung auf den Backblechen und backen Sie sie ca. 1 Stunde im Ofen.
6. Nehmen Sie die Bleche aus dem Ofen, wenden Sie die Mischung mehrfach und schieben Sie sie wieder in den Ofen. Reduzieren Sie die Temperatur auf 140 °C/Gas Stufe 1 und backen Sie das Müsli weitere 35–40 Minuten, bis es goldgelb ist. Nehmen Sie es aus dem Ofen und lassen Sie es auskühlen, bevor Sie die Sultaninen und die Kokosflocken unterrühren.

TIPP

- Servieren Sie das Müsli mit frischen Datteln und Magermilchjoghurt.

# Luxusmüsli

Dieses Müsli enthält weiße Schokolade.

Ergibt 1,9 kg
Vorbereitungszeit: 10 Minuten
Garzeit: 1 Stunde 40 Minuten
❤ WF GF V

REZEPT GETESTET VON: ANITA

600 g **Haferflocken**
125 g **ganze Haselnüsse**
100 g **Pekannüsse**
50 ml **Ahornsirup**
100 ml **Sonnenblumenöl**
250 ml **flüssiger Honig**
125 g **brauner Zucker**
50 ml **Wasser**
2–3 Tropfen **Vanillearoma**
½ TL **gemahlener Ingwer**
1 Prise **Meersalz**
3 EL **heller Zuckerrübensirup**
100 g **Jumbo-Kokosflocken**
200 g **weiße Schokoladenstückchen**
200 g **getrocknete Heidelbeeren**

1. Heizen Sie den Backofen auf 150 °C/Gas Stufe 2 vor. Legen Sie zwei Backbleche mit Backpapier aus.
2. Vermischen Sie Haferflocken, Haselnüsse und Pekannüsse in einer großen Schüssel und stellen Sie alles beiseite.
3. Erhitzen Sie in einem Topf Ahornsirup, Sonnenblumenöl, Honig, Zucker und Wasser bei mittlerer Hitze und unter ständigem Rühren, bis alles zerlassen ist.
4. Nehmen Sie die Sirupmischung vom Herd und rühren Sie Vanillearoma, Ingwer und Salz ein. Gießen Sie den Sirup über die trockenen Zutaten und mischen Sie alles gut durch.
5. Verteilen Sie die Mischung auf den Backblechen und backen Sie sie ca. 1 Stunde im Ofen.
6. Nehmen Sie die Mischung aus dem Ofen, beträufeln Sie alles mit dem Sirup und rühren Sie die Kokosflocken unter. Schieben Sie die Bleche wieder in den Ofen. Reduzieren Sie die Temperatur auf 140 °C/Gas Stufe 1 und backen Sie das Müsli weitere 30 Minuten, bis es goldgelb ist. Nehmen Sie es aus dem Ofen und geben Sie die weiße Schokolade zu. Lassen Sie das Müsli auskühlen, bevor Sie die Heidelbeeren unterheben, und lagern Sie es in einem luftdichten Gefäß.

TIPP

- Richtig lecker und über Vanilleeis gestreut ein schnell zubereiteter Nachtisch.

# Maggies Milch

Wenn Sie keine Milch vertragen, werden Sie diese auf Samen basierenden Alternativen lieben. Claire hat das Rezept von Maggie (siehe Seite 232). Lassen Sie sich nicht von den Namen abschrecken. Die Milch ist köstlich und süß. Gießen Sie sie über Ihr Müsli oder trinken Sie sie pur.

## Haselnussmilch

Ergibt ca. 650 ml
Vorbereitungszeit: 10 Minuten + Einweichzeit über Nacht
Garzeit: keine
❤ ✓ WF GF MF V

100 g **Haselnüsse**, über Nacht oder 8 Stunden in Wasser eingeweicht, abgegossen und abgespült
Mark aus ¼ **Vanillestange**
2 EL **Honig** (vorzugsweise fester)
600 ml **Wasser**
1 kleine Prise **Meersalz**

1. Mischen Sie Haselnüsse, Vanillemark und Honig mit 200 ml Wasser im Mixer, bis alles fast flüssig ist.
2. Rühren Sie das restliche Wasser gründlich unter.
3. Gießen Sie die Milch durch einen Musselin oder Ähnliches.
4. Lassen Sie die Milch auskühlen. Sie hält sich im Kühlschrank 6–8 Tage.

## Kürbiskernmilch

Ergibt ca. 750 ml
Vorbereitungszeit: 15 Minuten + Einweichzeit über Nacht
Garzeit: keine
❤ ✓ WF GF MF V

300 g **Kürbiskerne**, über Nacht oder 6–8 Stunden in Wasser eingeweicht, abgegossen und abgespült
40 g **Cashewkerne**, über Nacht oder 6–8 Stunden in Wasser eingeweicht, abgegossen und abgespült
2 **Datteln**, entsteint
1 EL **Ahornsirup**
6 Abriebe von einer **Muskatnuss** (nach Belieben)
1 Prise **Meersalz**
700 ml **Wasser**

1. Mischen Sie die Zutaten mit 400 ml Wasser im Mixer, bis sie fast flüssig sind.
2. Rühren Sie das restliche Wasser gründlich unter.
3. Gießen Sie die Milch durch einen Musselin oder Ähnliches.
4. Lassen Sie die Milch auskühlen. Sie hält sich im Kühlschrank 6–8 Tage.

TIPP

- Sie können die Cashewkerne, den Ahornsirup und 100 ml Wasser weglassen und stattdessen 1–2 Datteln mehr zufügen.

# Frische Nuss- & Saatenbutter

**Eine der besten Zutaten, die Sie sich zum Frühstück auf das Brot streichen können, ist selbst gemachte Nussbutter. Sie ist lecker und sehr gesund.**

**Verwenden Sie frische Walnüsse, Mandeln, Kürbiskerne, Haselnüsse, Cashewkerne oder Sonnenblumenkerne von guter Qualität.**

1. **Sie können nach Belieben die Nüsse oder Samen zuerst einweichen oder sprießen lassen. Trocknen Sie sie vor der weiteren Verarbeitung gut ab.**
2. **Hacken Sie die Nüsse oder Samen einige Minuten in einem Mixer, um das gesamte Öl freizusetzen. Dabei können Sie etwas Honig oder Wasser zugeben, um eine sahnige, butterähnliche Konsistenz zu erhalten.**
3. **Bewahren Sie die Butter im Kühlschrank auf.**

# Lachs- & Dillmuffins

Ein pikanter Frühstücksmuffin.

Ergibt 6 Stück
Vorbereitungszeit: 15 Minuten
Garzeit: 20 Minuten

240 g **Weizenmehl**
2 TL **Backpulver**
165 g **geriebener Käse**
50 g gehackter **Räucherlachs**
20 g gehackter **frischer Dill**
1 **Bio-Ei**
180 ml **Buttermilch**
75 ml **Pflanzen-** oder **Sonnenblumenöl**
100 g **Frischkäse**

Unsere Freundin Rebecca backte diese Muffins jeden Tag zu Hause und brachte sie dann in unsere Restaurants. Bedauerlicherweise (für unsere Restaurants) ist sie jetzt Mutter zweier Kinder, und deshalb gibt es diese Muffins bei Leon nicht mehr. Wenn Sie auf diese Muffins nicht verzichten können: Hier ist das Rezept zum Selbermachen.

HENRY

1. Heizen Sie den Backofen auf 180 °C/Gas Stufe 4 vor und setzen Sie Papierförmchen in eine 6er-Muffinform.
2. Vermischen Sie Mehl und Backpulver in einer Schüssel. Geben Sie Käse, Lachs und Dill zu.
3. Schlagen Sie in einer anderen Schüssel Ei, Buttermilch und Öl auf.
4. Geben Sie die Hälfte der flüssigen Zutaten in die trockenen Zutaten und vermengen Sie alles sorgfältig. Rühren Sie den Rest der flüssigen Zutaten unter, bis ein glatter Teig entsteht.
5. Füllen Sie die Papierförmchen bis zur Hälfte mit Teig und setzen Sie 1 Teelöffel Frischkäse in die Mitte jedes Muffins. Füllen Sie die Förmchen mit Teig auf.
6. Backen Sie die Muffins 10 Minuten, drehen Sie die Form anschließend so, dass der vordere Teil hinten ist. Backen Sie die Muffins weitere 10 Minuten.

Rebecca zu Hause an ihrem neunten Geburtstag, 1982

# Hafermuffins mit Mandeln & Datteln

Ein Frühstücksmuffin mit Dinkelmehl, das nicht nur bekömmlicher als andere Weizensorten ist, sondern dem Muffin auch seine besondere Textur verleiht.

Ergibt 12 Stück
Vorbereitungszeit: 20 Minuten
Garzeit: 25 Minuten
❤ ✓ V

Rezept getestet von: Petra

100 g **ganze Mandeln** (ungeschält)
200 g **Butter**
75 g **Rohrzucker**
200 g **Haferkleie**
100 g **Haferflocken**, plus zusätzlich Haferflocken zum Bestreuen
200 g **feines Dinkelmehl**
½ TL **Salz**
1½ TL **Natron**
2 **Bio-Eier**
350 g **Naturjoghurt**
250 g **entsteinte gehackte Datteln**
abgeriebene Schale von 1 **Orange**

Dieses Rezept wurde durch einen Muffin inspiriert, den ich in der wunderbaren Bäckerei Bovine in Point Reyes, Kalifornien, lernte zuzubereiten. Als 15-Jährige fing ich dort unter der Leitung von Deborah Ruff und Bridget Devlin meine Ausbildung an. Ich habe von ihnen so viel gelernt, nicht nur über das Backen, sondern auch wie man ein kleines Geschäft führt. Diesen Muffin widme ich ihnen.

CLAIRE

1. Heizen Sie den Backofen auf 170 °C/Gas Stufe 3½ vor. Fetten Sie eine Muffinform mit Butter ein.
2. Verteilen Sie die Mandeln auf einem Backblech und rösten Sie sie 5–7 Minuten im Ofen.
3. Zerlassen Sie die Butter mit dem Zucker in einem kleinen Topf und stellen Sie ihn zur Seite, bis die Mischung etwas abgekühlt ist.
4. Vermischen Sie Haferkleie, Haferflocken, Dinkelmehl, Salz und Natron. Hacken Sie die Mandeln grob und rühren Sie sie in die trockenen Zutaten.
5. Vermengen Sie Eier und Joghurt und rühren Sie Datteln und Orangenschale ein. Heben Sie die Butter-Zucker-Mischung unter. Vermischen Sie alles mit den trockenen Zutaten, bis ein glatter Teig entsteht.
6. Geben Sie den Teig in die Muffinform und backen Sie die Muffins 20–25 Minuten im Ofen.

TIPP

- Sie können diese Muffins auch mit in Saft oder Alkohol eingeweichten Datteln machen.

COCKADOODLEDOO
RISE & SHINE

# Samstagspfannkuchen

Ein kleiner Genuss für den Samstagmorgen.

Ergibt ca. 12 Stück,
ausreichend für 4 Personen
Vorbereitungszeit: 10 Minuten
Garzeit: 5 Minuten
V

*Für die Pfannkuchen:*
150 g **Weizenmehl**
75 g **Zucker**
1½ TL **Backpulver**
¾ TL **Natron**
1 Prise **Meersalz**
200 g **Naturjoghurt**
200 ml **Milch**
3 **Bio-Eier**
75 g **Butter,** zerlassen

*Zum Garnieren:*
**Ahornsirup**
**Beeren**

1. Mischen Sie die trockenen Zutaten und stellen Sie sie beiseite.
2. Verrühren Sie Joghurt und Milch und stellen Sie die Mischung beiseite.
3. Schlagen Sie die Eier auf, geben Sie das Eigelb zur Joghurt-Milch-Mischung und verquirlen Sie alles sorgfältig.
4. Gießen Sie die Joghurtmischung in einem gleichmäßigen Strahl zu den trockenen Zutaten und rühren Sie alles glatt. Heben Sie die Butter unter.
5. Schlagen Sie das Eiweiß steif, der Eischnee sollte keine Spitzen haben. Heben Sie ihn unter den Teig.
6. Geben Sie eine pfannkuchengroße Menge in eine heiße Pfanne und backen Sie den Pfannkuchen von beiden Seiten einige Minuten.
7. Stapeln Sie die Pfannkuchen aufeinander und garnieren Sie sie abschließend mit Sirup und Beeren.

TIPP

- Sie können Buchweizenmehl als Ersatz für das Weizenmehl nehmen, wenn Sie glutenfreie Pfannkuchen möchten.

# Armer Ritter

Für einen verregneten Samstag.

Für 4–6 Personen
Vorbereitungszeit: 10 Minuten
Garzeit: 15 Minuten
V

REZEPT GETESTET VON: ANITA

5 **Bio-Eier**
400 ml **Vollmilch**
5 Tropfen **Vanillearoma**
75 g **Feinstzucker**
½ TL **gemahlener Zimt**
8–12 Scheiben **altbackenes Brot**
2 EL **Butter**, plus zusätzlich Butter zum Servieren
**Puderzucker** zum Bestreuen
**Ahornsirup** zum Servieren

Dieses Rezept, um altes Brot aufzubrauchen, ist fast so alt wie die Zivilisation selbst. (Es kommt schon in einem römischen Kochbuch aus dem 4. Jahrhundert vor.) Jede Nation hat einen anderen Namen dafür. Die Amerikaner nennen es Französischen Toast, die Franzosen *pain perdu* (verlorenes Brot), die Tschechen *chleba v kosisku* (Brot im kleinen Mantel). In Sri Lanka wird es Bombay Toast genannt und in Deutschland Armer Ritter. Dieses Gericht ist nicht ohne Grund ein weltweiter Klassiker – es wurde probiert und getestet und für äußerst lecker befunden.

HENRY

1. Verquirlen Sie in einer großen flachen Schale Eier, Milch, Vanillearoma, Zucker und Zimt.
2. Legen Sie ein paar Scheiben Brot in die Eiermischung und drücken Sie sie mit der Gabel in die Mischung, wobei Sie die Scheiben mit kleinen Löchern versehen. Sobald das Brot durchtränkt ist, drehen Sie die Scheiben um.
3. Erhitzen Sie in einer Pfanne etwas Butter, bis diese schäumt.
4. Legen Sie die Brotscheiben in die Pfanne.
5. Braten Sie das Brot auf beiden Seiten, bis es braun ist. In der Zwischenzeit tränken Sie weitere Brotscheiben in der Eiermischung.
6. Legen Sie die Scheiben auf einen Teller und halten Sie die Brote warm.
7. Bestreichen Sie die Brote mit Butter, bestreuen Sie sie mit Puderzucker und servieren Sie sie mit Ahornsirup.

TIPPS

- Sie können Weißbrot mit Rinde nehmen, aber auch Sauerteigbrot.
- Das Brot sollte gut mit der Eiermischung durchtränkt sein. Sparen Sie nicht an der Butter, nur so werden die Scheiben außen knusprig und innen weich.
- Servieren Sie im Sommer frische Beeren dazu.
- Oder reichen Sie Bananenscheiben mit 1 Prise Zimt dazu.
- Geben Sie abgeriebene Orangen- oder Zitronenschale in die Eiermischung, das ergibt einen spritzig-frischen Geschmack.

# Hannahs* Bananenbrot

Diese Version des klassischen Brotes wird mit Dinkelmehl und einer Banane gemacht, die während des Backens im Brot versinkt.

Für 8–10 Personen
Vorbereitungszeit: 25 Minuten
Garzeit: 50 Minuten
❤ ✓ V

REZEPT GETESTET VON LUCY & TARQUIN

- 50 g **Pekannüsse**
- 150 ml **Pflanzenöl**
- 200 g **brauner Zucker**
- 2 Tropfen **Vanillearoma**
- 2 **Bio-Eier**
- 350 g **reife Bananen**, geschält
- 75 g **Naturjoghurt**
- 1 TL **Natron**
- 1 TL **Backpulver**
- ½ TL **gemahlener Zimt**
- ¼ TL **Salz**
- 225 g **Vollkorndinkelmehl**
- 1 **Banane**, geschält, und 3 EL **Feinstzucker** zum Bestreuen

Ich habe dieses Rezept für Leon entwickelt, als wir eine Dinkelversion des klassischen Früchtebrots suchten. Die Textur von Dinkelmehl und sein nussiger Geschmack passen gut zu Bananen.

CLAIRE

* Unsere Besucher in der Leon-Filiale in Ludgate Circus begannen vor einiger Zeit, Wünsche auf Zetteln zu notieren, die sie in eine Box warfen. Wir erfüllten die Wünsche jener, die zu einer unserer Partys kamen. Hannah wünschte sich, dass ein Kuchen nach ihr benannt würde.

HENRY

1. Heizen Sie den Backofen auf 170 °C/Gas Stufe 3½ vor. Fetten Sie eine Brotform (900 g) ein und kleiden Sie sie mit Backpapier aus. Legen Sie ein Backblech mit Backpapier aus.
2. Verteilen Sie die Pekannüsse auf dem Blech und rösten Sie sie ca. 5–7 Minuten im Ofen, bis sie goldgelb sind und duften. Stellen Sie sie zum Auskühlen beiseite.
3. Verrühren Sie das Öl mit Zucker, Vanillearoma und Eiern.
4. Zerdrücken Sie die Bananen. Rühren Sie den Joghurt unter. Sieben Sie Natron, Backpulver, Zimt und Salz darüber und verrühren Sie alles gut.
5. Vermengen Sie die Bananenmischung mit der Eiermasse. Hacken Sie die Pekannüsse und geben Sie sie mit dem Mehl zur Eier-Bananen-Mischung. Vermengen Sie alles grob und geben Sie den Teig in die Brotform.
6. Halbieren Sie die übrig gebliebene Banane längs. Legen Sie eine Hälfte mit der Schnittseite nach oben auf das Brot und bestreuen Sie sie mit Zucker.
7. Backen Sie das Brot 45–50 Minuten, bis ein in das Brot gestochenes Holzstäbchen sauber bleibt. Lassen Sie es dann mind. 10 Minuten in der Form ruhen, bevor Sie es zum Auskühlen auf ein Kuchengitter stürzen.

TIPP

- Für diese Art von Broten, die schnell zubereitet werden, dürfen Sie den Teig nicht übermäßig rühren, denn sonst könnte er leicht zäh und gummiartig werden. Der Zucker auf dem Brot bildet eine knusprige Kruste.

LIBRARY AND
LOUNGE
DOWN STAIRS

Als wir die ersten Gerichte für Leon zusammenstellten, waren wir uns natürlich bewusst, dass Fast Food oftmals nicht sättigt, sondern vielmehr hungriger macht. Nahrungsmittel mit raffinierten Kohlenhydraten treiben den Blutzuckerspiegel schnell nach oben, der dann genauso steil abfällt, sodass Sie noch mehr Appetit haben.

Industriell hergestellte Snacks sind in dieser Hinsicht ganz besonders problematisch. Sie wollen gern einen gesunden Snack zwischen Mittagessen und Abendbrot – einen Riegel, der Ihren Energiespiegel langsam anhebt, statt Sie am Schreibtisch einschlafen zu lassen. Was Sie aber kaufen, ist eine aus Weizen und weißem Reis mit Maiszucker zusammengepappte Scheibe, die als gesunder „Zerealienriegel" angepriesen wird.

Ganz anders unsere selbst gemachten Powersnacks. Sie haben einen niedrigen glykämischen Index, sind voller gesunder Nährstoffe und halten sich in luftdichten Gefäßen gut, sodass Sie sie in größeren Mengen im Voraus zubereiten können, um Ihre Lunchbox für einige Wochen abwechslungsreich zu gestalten.

# POWER-SNACKS

RIEGEL * KEKSE
KÜGELCHEN * BROWNIES

GANZ OHNE GEWISSENSBISSE

All Mighty
Claire's Power Pills
A Perfect Pep
Claire's Power Pills
Pick You Up
Claire's Power Pills
Feel the Force
Claire's Power Pills
Full of Sun
Claire's Power Pills
Big & Strong
Claire's Power Pills

# Claires Schoko-Haselnuss-Kügelchen

Dieser Snack schmeckt sensationell und gibt Ihnen einen kräftigen Energieschub. Machen Sie genug davon, um auch Freunden etwas abgeben zu können.

Ergibt 12 Kügelchen oder 24 Kraftpillen
Vorbereitungszeit: 15 Minuten
Garzeit: keine
❤ ✓ WF GF MF V

125 g **Haselnussbutter**
100 g **Paranüsse**, fein gehackt
50 g **getrocknete Kirschen** ohne Zusatzöl oder Süßstoff, fein gehackt
2 EL **geschälte Hanfsamen**
1 EL **Chia-Samen**, in einem Mörser zerstoßen
3 TL **Kakaobohnensplitter**, gehackt
2 TL **Kakaopulver**
3 TL **Honig**
1 TL **Maca-Pulver**
1 TL **Kokosfett**
½ TL **Blaualgen, Spirulina** oder **andere Chlorophyll-Quellen**
Mark aus ¼ **Vanillestange**
schwach entöltes **Kakaopulver, Hanfsamen, Chia-Samen** oder **Kakaobohnensplitter** zum Überziehen

Der amerikanische Doppelkontinent ist ein sehr fruchtbares Land. Seine Ureinwohner kannten die Heilwirkungen der Wurzeln, Früchte, Samen und Kräuter, die dort wuchsen. Einige dieser Pflanzen – wie Chia-Samen oder Maca-Wurzel – erleben zurzeit eine Renaissance und sind allmählich auch bei uns erhältlich. Über den Nutzen dieser Nahrungsmittel können Sie sich im Internet informieren. Die Geschmacksrichtungen und Texturen sind faszinierend.

CLAIRE

1. Mischen Sie alle Zutaten in einer Schüssel (am leichtesten geht das mit den Händen).
2. Formen Sie aus dem Teig Bällchen oder Pillen und rollen Sie sie behutsam in Kakaopulver, Hanfsamen, Chia-Samen oder Kakaosplitter.
3. Kühlen Sie die Bällchen 15 Minuten. Bewahren Sie sie im Kühlschrank auf.

# Lises Kirsch-Mandel-Cookies

Das Rezept basiert auf Lises Hafer-Rosinen-Plätzchen, die wir im Restaurant anbieten. Diese Variante hat einen süßen Sommer-Touch. Wenn Sie die Originalversion machen möchten, ersetzen Sie die Schokochips, Kirschen und Mandeln einfach durch Rosinen (siehe Bild).

Ergibt 15–20 Cookies
Vorbereitungszeit: 20 Minuten
Garzeit: 10–12 Minuten
V

Rezept getestet von: Louise

200 g weiche **gesalzene Butter**
235 g **Rohrzucker**
2 **kleine Bio-Eier**
130 g **Weizenmehl**
½ TL **Natron**
185 g **Haferflocken**
150 g **getrocknete Sauerkirschen**
50 g **Mandelblättchen**
75 g **Schokochips**

Lise entdeckte ihre Liebe zum Backen in der Küche ihrer Mutter. Ihre Mutter hatte in Dänemark vor der Küche einen Obst- und Gemüsegarten in der Nähe eines wilden Kieferwäldchens, das sich über die sanften Hänge zum Meer erstreckte. Alles in der Küche ihrer Mutter war biologisch-dynamisch, und das ist es in Lises Bäckerei Honeyrose immer noch.

1. Heizen Sie den Backofen auf 180 °C/Gas Stufe 4 vor. Fetten Sie mehrere große Backbleche ein oder legen Sie sie mit Backpapier aus.
2. Schlagen Sie Butter und Zucker schaumig. Geben Sie ein Ei nach dem anderen zu und mixen Sie alles, bis die Masse leicht und luftig ist.
3. Vermengen Sie Mehl, Natron, Haferflocken, Kirschen, Mandelblättchen und Schokochips und rühren Sie alles unter die Buttermischung. Rühren Sie den Teig nicht zu stark.
4. Formen Sie aus dem Teig mithilfe eines Eisportionierers oder zwei Esslöffeln Bällchen von ca. 5 cm Ø. Setzen Sie die Teigbällchen mit 25 cm Abstand voneinander auf die vorbereiteten Backbleche. Jeder Cookie dehnt sich auf ca. 10 cm Ø aus. Ist der Teig kalt, gehen die Cookies nicht so stark auseinander. Drücken Sie dann die Bällchen vor dem Backen flach.
5. Backen Sie die Cookies 10–12 Minuten im Ofen, bis sie goldgelb sind (eventuell müssen Sie sie in mehreren Schüben backen). Wenn Sie die Cookies aus dem Ofen nehmen, sind sie noch sehr weich. Sie werden fester, sobald sie abkühlen. Lassen Sie sie für einige Minuten auf dem Backpapier liegen, bevor Sie sie zum Auskühlen auf ein Kuchengitter geben. Bewahren Sie sie in luftdichten Gefäßen auf.

Lise Madsen, Dänemark, 1977

# Nana Goys Müsliriegel

Dieser Riegel ist wunderbar zart und knusprig. Wir machen ihn mit Cranberrys, Sie können aber auch jede andere Trockenfrucht nehmen (siehe Tipps unten).

Ergibt 16 Stück
Vorbereitungszeit: 10 Minuten
Garzeit: 30–35 Minuten
V

REZEPT GETESTET VON: HATTIE

- 225 g **getrocknete Cranberrys**
- 55 g **heller Zuckerrübensirup**
- 170 g **Butter**
- 100 g **Feinstzucker**
- 250 g **Haferflocken**

1. Heizen Sie den Backofen auf 170 °C/Gas Stufe 3½ vor und fetten Sie eine 20 cm x 20 cm große Backform mit Butter ein.
2. Lassen Sie die Cranberrys einige Minuten in heißem Wasser aufquellen. Gießen Sie das Wasser ab und hacken Sie große Früchte grob.
3. Zerlassen Sie Sirup, Butter und Zucker in einem Topf bei niedriger Hitze, bis der Zucker sich aufgelöst hat. Fügen Sie die Haferflocken zu. Rühren Sie bis auf eine Handvoll alle Cranberrys ein.
4. Füllen Sie den Teig in die Form. Bestreuen Sie den Teig mit den restlichen Cranberrys. Backen Sie ihn 30–35 Minuten, bis er goldgelb ist. Schneiden Sie ihn in Rechtecke und lassen Sie ihn in der Form auskühlen.

TIPPS

- Geben Sie eine Handvoll Nüsse und Saaten zu, um andere Geschmacksrichtungen zu erhalten.
- Für eine fruchtige Note können Sie die Cranberrys durch Datteln ersetzen. Hacken Sie dazu die Datteln grob, bevor Sie sie dem Teig zufügen.

Nana Goy mit Enkeln, West Clandon, 1980

SANDWICH
BOX

# Gesunde Brownies

Wir verkaufen diese Brownies bei Leon, seit wir 2004 unser erstes Restaurant in der Londoner Carnaby Street eröffneten. Diese zucker- und weizenfreien Snacks werden in Dorset von einer unserer Lieblingsbäckerinnen, Emma Goss-Custard, gebacken. Emmas Geniestreich bestand darin, die kleinen Schokostückchen zuzufügen, die einen perfekten Kontrast zum köstlich weichen Inneren bilden.

Ergibt 12 große Brownies
Vorbereitungszeit: 25 Minuten
Garzeit: 25 Minuten
✓ WF GF

180 g **Butter**, plus zusätzlich Butter zum Einfetten
200 g **Zartbitterschokolade** (54 % Kakaoanteil)
1 **Orange**
2 TL **Espresso** oder **starker Kaffee**
80 g **ganze Mandeln** (ungeschält)
4 **Bio-Eier**
100 g **gemahlene Mandeln**
160 g **Zartbitterschokolade** (54 % Kakaoanteil), in Stücken
160 g **dunkle Edelbitterschokolade** (70 % Kakaoanteil), in Stücken
150 g **Fruktose**
1 Prise **Meersalz**
3–4 Tropfen **Vanillearoma**

1. Heizen Sie den Backofen auf 180 °C/Gas Stufe 4 vor. Fetten Sie eine 30 cm x 20 cm x 5 cm große Backform mit Butter ein.
2. Zerlassen Sie die Butter in einem kleinen Topf und lassen Sie sie etwas abkühlen.
3. Zerlassen Sie 200 g Schokolade in einem Wasserbad und rühren Sie dabei gut um. Reiben Sie die Orangenschale direkt in die Schokolade.
4. Fügen Sie den Kaffee zu.
5. Rösten Sie die Mandeln auf einem Backblech 10 Minuten im Ofen und hacken Sie sie in grobe Stücke.
6. Schlagen Sie die Eier in einer Schüssel auf. Geben Sie die gemahlenen und gehackten Mandeln, alle Schokoladenstücke, die geschmolzene Schokolade und die Fruktose zu. Fügen Sie Salz und Vanillearoma zu und rühren Sie die Butter unter.
7. Verrühren Sie den Teig, bis er eine cremige Konsistenz hat. Rühren Sie aber nicht zu stark, sonst werden die Brownies nach dem Backen krümelig.
8. Geben Sie den Teig in die Backform und backen Sie ihn ca. 20–25 Minuten im Ofen. Wenn die Ecken leicht kross werden, aber die Mitte noch weich ist, sind die Brownies fertig.
9. Nehmen Sie die Form aus dem Ofen und lassen Sie die Brownies auskühlen.

## TIPPS

- Fruktose wird beim Backen viel dunkler als Zucker. Die Brownies haben eine glänzende Oberfläche und sehen aus, als wären sie noch nicht gar. Sie sind es aber schon, backen Sie sie also nicht zu lange.
- Sie können die Fruktose durch 180 g Zucker ersetzen.

# Süßes Popcorn mit Schokotropfen

Ein Snack für einen verregneten Sonntagnachmittag, dessen Zubereitung fast so viel Spaß macht wie das Essen. Bereiten Sie gleich auch salziges Popcorn zu und lassen Sie sich bei einem guten Film auf dem Sofa nieder.

Für 4 Personen
Vorbereitungszeit: 20 Minuten
Garzeit: 10 Minuten
❤ ✓ WF GF

2 EL **Pflanzenöl**
100 g **Puffmais**
100 g **Zartbitterschokolade**, in Stücken
75 g **gesalzene Butter**
50 g **heller Zuckerrübensirup**

1. Erwärmen Sie das Öl in einem großen Topf mit fest schließendem Deckel bei mittlerer Hitze. Geben Sie die Maiskörner in den Topf und schließen Sie den Deckel. Die Maiskörner fangen nach kurzer Zeit an aufzuspringen. Lässt das Aufspringen nach, nehmen Sie den Topf vom Herd und öffnen Sie den Deckel, damit der Dampf austreten kann.
2. Zerlassen Sie die Schokolade in einer kleinen Schüssel über einem Topf mit leicht köchelndem Wasser. Achten Sie darauf, dass kein Wasser in die Schokolade kommt. Rühren Sie gelegentlich um. In der Zwischenzeit legen Sie ein Backblech mit Backpapier aus.
3. Zerlassen Sie Butter und Sirup unter ständigem Rühren in einem Topf.
4. Rühren Sie das Popcorn unter den Sirup, bis es völlig mit Sirup überzogen ist. Verteilen Sie das Popcorn zum Auskühlen auf dem Backblech.
5. Tröpfeln Sie die Schokolade in langen Zügen über das Popcorn.

TIPPS

- Sie brauchen den Topf auf dem Herd nicht hin und her zu rütteln. Nehmen Sie einen Topf mit schwerem Boden und einem fest schließenden Deckel – so erhalten Sie perfekt aufgeplatztes Popcorn.
- Für weniger Süße lassen Sie den Zuckerrübensirup weg.

# Cashewriegel mit Aprikosen & Pistazien

Dieses Rezept ergibt einen gesunden Riegel, der Sie auf einem langen Fußmarsch in Trab hält oder Ihre Energiereserven nach einem Fitnesstraining auftankt.

Ergibt 8 Riegel
Vorbereitungszeit: 20 Minuten + Einweichzeit für die Samen
Garzeit: 2 Stunden
❤ ✓ WF GF MF V

REZEPT GETESTET VON MATILDA

175 g **Sesamsaat**, eingeweicht und getrocknet
110 g **Cashewkerne**, fein gehackt
1 Prise **Meersalz**
2 EL **brauner Reissirup**
2 EL **Tahini**
2 EL **Yacon-Sirup**
2 TL **abgeriebene Zitronenschale**
60 g **geröstete und gesalzene Pistazien**, ohne Schale und grob gehackt
80 g **getrocknete Aprikosen**, gehackt

*Für die Feigenpaste:*
60 ml **Wasser**
2 Tropfen **Vanillearoma**
80 g **getrocknete Feigen**
1¼ TL **gemahlener Ingwer**
¼ TL **gemahlener Kreuzkümmel**

*Für den Überzug:*
80 g **Sesamsaat**, leicht geröstet

1. Heizen Sie den Backofen auf 110 °C/Gas Stufe ¼ vor. Legen Sie eine 30 cm x 20 cm große Backform mit Backpapier aus.
2. Kochen Sie das Wasser mit dem Vanillearoma auf und gießen Sie es über die Feigen. Lassen Sie die Feigen 15 Minuten ruhen und pürieren Sie sie dann im Mixer mit Ingwer und Kreuzkümmel.
3. Vermischen Sie Sesamsaat, Cashewkerne und Salz in einer Schüssel.
4. Verrühren Sie Reissirup, Tahini, Yacon-Sirup und Zitronenschale in einer kleinen Schüssel. Fügen Sie das Feigenpüree zu. Vermengen Sie die feuchten mit den trockenen Zutaten. Heben Sie Pistazien und Aprikosen unter.
5. Streuen Sie die Hälfte der Sesamsaat in die Backform und drücken Sie den Teig darauf, bis er 1–1,5 cm dick ist. Streuen Sie die restliche Saat darüber.
6. Backen Sie den Teig 1 Stunde. Stürzen Sie die Form, um den Kuchen zu wenden, und geben Sie ihn wieder in die Form. Backen Sie den Kuchen 1 weitere Stunde. Lassen Sie ihn in der Backform auskühlen, dann schneiden Sie ihn in Riegel.

TIPP

- Yacon-Sirup kann durch mehr braunen Reissirup oder Agavendicksaft ersetzt werden.

FOLGENDE DOPPELSEITE (IM UHRZEIGERSINN VON OBEN LINKS): ELISABETHS ZITRONENSCHNITTEN, LEONS GEBURTSTAGSKUCHEN, ZUCKERFREIE VANILLE-CUPCAKES, ZUCCHINIBROT, GESUNDER MÖHRENKUCHEN, BENS VICTORIA-BISKUIT, GESUNDE SCONES, KEY LIME PIE, KLEMENTINEN-POLENTA-KUCHEN.

# TEATIME

# Kuchen, Torten & Brote

KÖSTLICH

# Bens Victoria-Biskuit

Klassische Rezepte sind deshalb klassisch, weil sie die Zeiten überdauert haben. Der Victoria-Biskuit ist die Mutter aller Teatime-Torten.

Für 8 Personen
Vorbereitungszeit: 25 Minuten
Garzeit: 40 Minuten

REZEPT GETESTET VON ANITA

330 g weiche **Butter**
330 g **Feinstzucker**, plus zusätzlich Zucker zum Bestreuen
2 Tropfen **Vanillearoma**
6 **Bio-Eier**
330 g **Weizenmehl** mit 2 TL **Backpulver** vermengt
150 g **Himbeerkonfitüre** von sehr guter Qualität
2 Schälchen **frische Himbeeren** (falls Saison)
350 g **Crème double**

1. Heizen Sie den Backofen auf 160 °C/Gas Stufe 3 vor. Fetten Sie zwei runde Backformen (25 cm Ø) mit Butter ein und legen Sie sie mit Backpapier aus.
2. Schlagen Sie Butter und Zucker schaumig, bis die Masse fast weiß ist. Geben Sie das Vanillearoma zu. Rühren Sie nach und nach 1 Ei abwechselnd mit 1 Esslöffel Mehl unter. Sobald alle Eier zugefügt sind, rühren Sie das restliche Mehl unter.
3. Verteilen Sie den Teig auf die beiden Backformen und backen Sie den Biskuit ca. 40 Minuten, bis ein hineingestochenes Holzstäbchen sauber bleibt.
4. Lassen Sie den Biskuit mind. 10 Minuten in den Formen abkühlen, ehe Sie ihn zum Auskühlen auf ein Kuchengitter legen.
5. Bestreichen Sie einen Biskuitboden mit der Himbeerkonfitüre. Schlagen Sie die Sahne, bis sie weiche Spitzen hat, und verteilen Sie sie auf der Konfitüre (behalten Sie etwas für die Oberseite zurück). Geben Sie die Himbeeren auf die Sahne (heben Sie einige Früchte für die Verzierung auf) und setzen Sie den zweiten Boden darauf. Bestreuen Sie alles mit Zucker und bestreichen Sie den Biskuit mit der restlichen Sahne. Verzieren Sie ihn mit den Himbeeren.

TIPPS

- Dieser Kuchen wird am besten sofort gegessen, man kann ihn aber bis zu 3 Tage in einem luftdichten Gefäß im Kühlschrank aufbewahren.
- Sie können auch andere Fruchtfüllungen verwenden und festen Joghurt oder saure Sahne anstelle von Crème double.

Unser Freund Ben Miller, ein Schauspieler, wurde zu einer Gordon-Ramsay-Show eingeladen, um gegen Gordon in einem Backwettbewerb anzutreten. Zur Vorbereitung erhielt Ben ein Intensivtraining bei Claire. Sie brachte Ben bei, dass der Kuchen „langsam und bei niedriger Temperatur" gebacken werden muss, um die weiche Textur zu erhalten. Das Ergebnis? Ben schlug Ramsay!

ALS WIR BEN UM EIN KINDERFOTO BATEN, SCHICKTE ER UNS DIES …

# Klementinen-Polenta-Kuchen

Dieser feuchte Kuchen ohne Mehl ist perfekt für die Kaffeetafel, ergibt aber auch einen schönen Nachtisch, wenn man Sahne oder Joghurt darauf gibt.

Für 12 Personen
Vorbereitungszeit: 25 Minuten
Garzeit: 50 Minuten
WF GF

REZEPT GETESTET VON HOLLY

*Für den Kuchen:*
250 g weiche **Butter**
250 g **Feinstzucker**
2 **Bio-Eier**
200 g **feiner Polentagrieß**
100 g **gemahlene Mandeln**
1 TL **Backpulver**
abgeriebene Schale und Saft von
3 **Klementinen**
2 EL **Zitronensaft**

*Für den Sirup:*
50 ml **flüssiger Honig**
Saft von 1 **Klementine** und 1 **Zitrone**

1. Heizen Sie den Backofen auf 170 °C/Gas Stufe 3½ vor. Fetten Sie eine runde Backform (25 cm Ø) mit Butter ein und legen Sie sie mit Backpapier aus.
2. Schlagen Sie Butter und Zucker cremig, bis die Mischung fast weiß ist. Fügen Sie die Eier einzeln zu und rühren Sie jedes gut unter.
3. Mischen Sie Polentagrieß, Mandeln und Backpulver. Heben Sie die Buttermischung unter. Rühren Sie Klementinenschale und -saft sowie Zitronensaft ein, bevor Sie den Teig in die Form geben.
4. Backen Sie den Teig 50 Minuten, bis ein Holzstäbchen, das Sie hineinstechen, sauber bleibt.
5. Erhitzen Sie für den Sirup den Honig mit Klementinen- und Zitronensaft bei niedriger Temperatur in einem Topf, bis er flüssig ist. Gießen Sie den Sirup über den heißen Kuchen. Lassen Sie ihn in der Form auskühlen.

TIPPS

- Der Kuchen schmeckt besonders gut mit griechischem Joghurt oder Crème double serviert.
- Sie können auch andere Zitrusfrüchte als im Rezept angegeben verwenden, z. B. nur Zitronen.
- Sie können für den Sirup den Honig durch Agavendicksaft ersetzen (passt gut, wenn Sie Zitronensaft anstelle der Klementinen nehmen).

# Petras Früchtekuchen

Für 12–15 Personen
Vorbereitungszeit: 40 Minuten + Einweichzeit
Garzeit: 3½–4 Stunden
V

REZEPT GETESTET VON JACKIE & AMY

225 g **helle Sultaninen**
50 ml **Brandy**
225 g **kandierte Kirschen**, geviertelt
200 g **Zitronat**
125 g **kandierte Ananas** oder **Papaya**, gehackt
60 g **kandierter Ingwer**, sehr klein gehackt
60 g **kandierte Echte Engelwurz**, klein gehackt
125 g **Walnüsse**
abgeriebene Schale und Saft von 1 **Zitrone**
225 g weiche **Butter**
225 g **Feinstzucker**
4 **Bio-Eier**, zimmerwarm
225 g **Weizenmehl**
½ TL **Salz**

1. Weichen Sie die Sultaninen einige Stunden oder über Nacht im Brandy ein. Hacken Sie die Früchte und Walnüsse und vermischen Sie sie mit den Sultaninen in einer Schüssel.
2. Fetten Sie eine Springform (23–25 cm Ø) ein und legen Sie sie mit zwei Lagen Backpapier aus. Kleiden Sie auch den Rand der Form aus, sodass das Backpapier 2,5 cm über den Rand ragt.
3. Geben Sie Zitronenschale und -saft zu der Fruchtmischung.
4. Heizen Sie den Backofen auf 160 °C/Gas Stufe 3 vor. Schlagen Sie Butter und Zucker schaumig, bis die Mischung fast weiß ist. Verquirlen Sie die Eier mit dem elektrischen Rührgerät, bis sich ihr Volumen vergrößert hat – das kann bis zu 10 Minuten dauern. Rühren Sie nach und nach die Eier zu der Buttermischung. (Falls die Mischung gerinnt, fügen Sie 1 Esslöffel Mehl zu). Heben Sie das Mehl und dann das Salz unter.
5. Fügen Sie nach und nach die Fruchtmischung zu.
6. Geben Sie den Teig in die Form und glätten Sie die Oberfläche mit einem Löffelrücken. Schieben Sie den Kuchen in den Ofen. Senken Sie die Temperatur nach 1½ Stunden auf 140 °C/Gas Stufe 1 und backen Sie den Kuchen weitere 2 Stunden. Nach 2 Stunden können Sie den Ofen öffnen und prüfen, ob der Kuchen braun ist. Decken Sie ihn gegebenenfalls mit Alufolie ab.

Petra & Hattie in Sussex, 1978

7. Der Kuchen ist gar, wenn er gleichmäßig aufgegangen und braun ist und sich vom Rand der Form löst.
8. Lassen Sie ihn mind. 1 Stunde abkühlen, bevor Sie ihn aus der Form nehmen und komplett auskühlen lassen. Schützen Sie ihn vor Zugluft.

TIPPS

- Petra beschreibt den leicht zischenden Laut, den der Kuchen beim Backen macht, als „Singen". Hört er auf zu singen, ist er gar.
- Dieser Kuchen ist auch für Feiern wie Taufen und Hochzeiten geeignet.
- Petra ist eine großartige Bäckerin, hat aber wenig Begabung für Glasuren. Das Defizit versteckt sie geschickt hinter extravaganten Verzierungen.
- Petra wandelt das Rezept jedes Jahr etwas ab. Eine der tollsten Varianten war die Zugabe von 3 oder 4 gezuckerten Aprikosen aus Australien (nicht die üblichen getrockneten). Dafür hat sie den Zucker und die Früchte reduziert.
- Helle Sultaninen sind unverzichtbar, weil sie im Kuchen so schön aussehen. Sie sind in türkischen Läden erhältlich.

Petra ist die Mutter meiner Frau Mima (und eine unserer Backheldinnen – siehe Seite 274). Dieser Kuchen wurde zur Taufe und Hochzeit meiner Frau und ihrer Schwester gebacken wie auch zur Taufe ihrer Kinder. Der Kuchen ist mittlerweile legendär, und Petra ist ständig mit der Produktion des Kuchens für Freunde und Familie beschäftigt.

HENRY

# Tommis Früchtekuchen mit Rotwein

Rotwein und Feigen passen gut zusammen und zu den Gewürzen in diesem Rezept. Die Feigenkörnchen haben einen wunderbar knisternden Biss, wenn sie im Mund platzen.

Für 8 Personen
Vorbereitungszeit: 25 Minuten
Garzeit: 45 Minuten
✓ V

375 ml **Rotwein**
375 g **getrocknete Feigen**, gehackt
1½ TL **gemahlener Zimt**
¼ TL **gemahlene Nelken**
125 g kalte **Butter**
250 g **Honig**, plus zusätzlich Honig zum Glasieren
1 **Bio-Ei**, kurz verquirlt
200 g **Dinkelmehl**
1½ TL **Backpulver**
1 TL **Natron**

Das Fantastische an Claire ist, dass ihre Welt von Kuchen überquillt. Dieser Kuchen erhielt seinen Namen, als Claire mit unserer Freundin und Mitköchin Tommi Miers zum Essen kam. Es gab keinen Nachtisch, aber Claire hatte zufällig den Kuchen, ein Experiment, in ihrem Auto. Tommi spricht seitdem von diesem Kuchen: „Der beste Kuchen, den ich je gegessen habe. Er saß einfach nur da. In ihrem Auto!"

HENRY

1. Heizen Sie den Backofen auf 160 °C/Gas Stufe 3 vor und legen Sie eine 20 cm lange, rechteckige Backform mit Backpapier aus.
2. Kochen Sie Rotwein, Feigen und Gewürze in einem Topf auf.
3. Nehmen Sie den Topf vom Herd, sobald die Früchte etwas aufquellen (nach ca. 5 Minuten). Lassen Sie alles 10 Minuten abkühlen. Rühren Sie Butter und Honig unter und lassen Sie alles weitere 10 Minuten abkühlen. Rühren Sie das Ei ein.
4. Sieben Sie Mehl, Backpulver und Natron in eine Schüssel. Rühren Sie die Feigenmasse unter, bis sich alles vermischt hat. Geben Sie den Teig in die Form.
5. Backen Sie den Kuchen ca. 45 Minuten, bis ein Holzstäbchen, das Sie hineinstechen, sauber bleibt. Lassen Sie den Kuchen in der Form auskühlen.

TIPPS

- Servieren Sie den Kuchen mit griechischem Joghurt oder saurer Sahne.
- Mit diesem Rezept können Sie Rotweinreste aufbrauchen.
- Kann als Nachtisch oder zum Kaffee serviert werden. Ein Stück in der Lunchbox ist auch ein großartiger Snack.

Tommi in ihrer Modelzeit, 1991

# Elisabeths Zitronenschnitten

Süß und klebrig, mit einem spritzig-säuerlichen Ausklang. Eine Gaumenfreude.

Ergibt 8–10 Stück
Vorbereitungszeit: 30 Minuten
Garzeit: 1 Stunde

REZEPT GETESTET VON JOJO & BEN

280 g **Weizenmehl**, plus zusätzlich 35 g **Weizenmehl**
80 g **Puderzucker**
1 TL **Salz**
225 g kalte **Butter**
4 **Bio-Eier**
350 g **Zucker**
120 ml **frischer Zitronensaft**
½ TL **abgeriebene Zitronenschale**
1 TL **Backpulver**
**Puderzucker** zum Bestreuen

1. Heizen Sie den Backofen auf 170 °C/Gas Stufe 3½ vor.
2. Kneten Sie für den Mürbeteig 280 g Mehl, Puderzucker, Salz und Butter in der Küchenmaschine, bis Sie einen krümeligen Teig haben.
3. Achten Sie darauf, dass die Butter nicht zu warm wird, denn das verändert die Teigbeschaffenheit. Kneten Sie nur so lange, bis der Teig eine Kugel bildet.
4. Legen Sie eine 30 cm x 20 cm große Backform mit dem Teig aus.
5. Backen Sie den Teigboden 20–25 Minuten im Ofen, bis er goldgelb und fest ist. Lassen Sie ihn dann leicht abkühlen, während Sie die Füllung zubereiten.
6. Schlagen Sie in einer Schüssel die Eier schaumig. Geben Sie Zucker, Zitronensaft und -schale zu. Sieben Sie die verbliebenen 35 g Mehl und das Backpulver in eine andere Schüssel und rühren Sie die Mischung unter die Eier. Geben Sie die Füllung auf den Kuchenboden und backen Sie den Kuchen 25–30 Minuten im Ofen, bis die Füllung gerade fest ist.
7. Lassen Sie den Kuchen in der Form auskühlen. Bestreuen Sie ihn mit Puderzucker und schneiden Sie ihn in Rechtecke oder Rhomben. Diese halten sich gut bis zu 3 Tage in einem luftdichten Gefäß.

TIPP

- Bestreuen Sie den Kuchen mit Lavendelblüten, wenn Sie welche zur Hand haben.

Meine Mutter macht diesen Kuchen mit kalifornischen Meyer-Zitronen. Ich bereite ihn gern mit Amalfi-Zitronen zu, weil sie eine ähnliche Süße haben, aber einen anderen Duft. Nach dem Fotoshooting für dieses Buch verschwand der Kuchen ziemlich schnell, was darauf schließen lässt, dass auch andere meine Vorliebe teilen.

CLAIRE

# Zuckerfreie Vanille-Cupcakes

Cupcakes, die man ohne Gewissensbisse essen kann und die dennoch ein Genuss sind. Keiner wird glauben, dass sie auch noch gesund sind.

Ergibt 12 Stück
Vorbereitungszeit: 15 Minuten
Garzeit: 25 Minuten
❤ ✓ WF GF MF V

280 g **glutenfreies Mehl**
2 TL **glutenfreies Backpulver**
100 g **Kartoffelstärke**
70 g **Kokosmehl** (sehr fein gemahlene getrocknete Kokosnuss)
1 EL **Leinsamenmehl** (nach Belieben)
1½ TL **Meersalz**
150 g **Kokosfett**, zerlassen
250 ml **Agavendicksaft**
10 Tropfen **Vanillearoma**
150 ml **Reismilch**
½ TL **Natron**
100 ml kochendes **Wasser**

Zurzeit sind gesunde Cupcakes und Muffins hip. Doch die Rezepte, die wir bisher gesehen haben, benötigen entweder sehr viele Zutaten oder funktionieren nicht. Dieses Rezept gelingt garantiert, was nicht zuletzt den vielen Stunden zu verdanken ist, die Claire mit der Perfektion der Cupcakes verbracht hat.

HENRY

1. Heizen Sie den Backofen auf 170 °C/Gas Stufe 3½ vor und legen Sie eine 12er-Muffinform mit Papierförmchen aus.
2. Geben Sie das Mehl mit Backpulver, Kartoffelstärke, Kokos- sowie Leinsamenmehl und Meersalz in eine Schüssel. Vermengen Sie alles mit einem Schneebesen.
3. Vermischen Sie in einer zweiten Schüssel Kokosfett, Agavendicksaft, Vanillearoma und Reismilch. Vermengen Sie in einer weiteren Schüssel Natron und Wasser und rühren Sie die Mischung unter die anderen flüssigen Zutaten.
4. Gießen Sie ein Viertel der flüssigen Zutaten zu den trockenen und verrühren Sie alles. Geben Sie nach und nach die verbliebene Flüssigkeit zu, bis alles eingearbeitet ist und ein Teig entsteht.
5. Verteilen Sie den Teig auf die Papierförmchen und backen Sie die Cupcakes 20–25 Minuten, bis ein Holzstäbchen, das in die Mitte der Cupcakes gestochen wird, sauber bleibt. Sie schmecken am besten frisch.

TIPPS

- Leinsamenmehl ist nährstoffreich und verleiht den Cupcakes einen nussigen Geschmack und Biss. Sie können es jedoch weglassen, wenn Sie keines finden.
- Falls Sie Kokosnuss nicht mögen (kann ich mir kaum vorstellen), können Sie das Kokosmehl durch gemahlene Mandeln ersetzen.
- Das Kokosfett kann durch ein hochwertiges geschmacksneutrales Öl wie Sonnenblumenöl ersetzt werden.

# Vegane Vanilleglasur

Wir meinen, dass diese Glasur vielleicht sogar besser ist als traditionelle Varianten mit Butter und Zucker. Sie ist das Ergebnis von Claires wochenlangen Experimenten mit verschiedenen milch- und allergenfreien Kombinationen.

Ergibt 12 Cupcakes
Vorbereitungszeit: 15 Minuten + Abkühlzeit im Kühlschrank
Garzeit: keine
❤ ✓ WF GF MF V

350 ml **ungesüßte Sojamilch**
100 g **Mandelmilchpulver** (nicht gemahlene Mandeln)
50 ml **Agavendicksaft**
3–4 Tropfen **Vanillearoma**
Mark von 1 **Vanillestange**
340 g **Kokosfett**, zerlassen
2 EL **frischer Orangen-** oder **Klementinensaft**
1 TL **frischer Zitronensaft**
75 g **Cashewbutter**

1. Mixen Sie mit einem Rührstab oder in der Küchenmaschine die Sojamilch mit Mandelmilchpulver, Agavendicksaft und Vanillearoma, bis alles cremig ist.
2. Fügen Sie das Vanillemark zu.
3. Vermischen Sie das Kokosfett mit dem Orangen- und Zitronensaft und rühren Sie die Mischung unter die anderen Zutaten. Fügen Sie die Cashewbutter zu und rühren Sie alles, bis eine glatte Glasur entsteht.
4. Kühlen Sie die Glasur über Nacht, damit das Kokosfett fest wird.

TIPPS

- Für rosafarbenen Zuckerguss ersetzen Sie 150 ml der Sojamilch durch 150 ml pürierte und durchpassierte Himbeeren.
- Sie können mit anderen Farben und Geschmacksrichtungen experimentieren (siehe Eiweißglasur, Seite 179).
- Wenn Sie Soja nicht vertragen, ersetzen Sie die Sojamilch durch Reismilch.

# Gesunder Möhrenkuchen

Ein Möhrenkuchen ohne Milchprodukte, Weizen, Gluten, Soja oder Zucker. Man muss sich etwas daran gewöhnen, mit den unten angegebenen Zutaten zu backen, aber das Ergebnis ist die Mühe wert. Kokosfett und kochendes Wasser machen den Kuchen sehr feucht. Das Reismehl gibt dem Kuchen eine feine Textur, und die Gewürze sowie das Mandarinenöl verleihen ihm einen einzigartigen Geschmack.

Für 8–10 Personen
Vorbereitungszeit: 30 Minuten
Garzeit: 45 Minuten
❤ ✓ WF GF MF V

250 g **Möhren** (Gewicht mit Schale), geschält und gerieben
50 g **Apfel** oder **Süßkartoffel**, gerieben
50 g **Kokosflocken**
50 g **Kokosfett**, zerlassen
50 ml **Sonnenblumenöl**
120 ml **Agavendicksaft**
1½ TL **Yacon-Sirup** (nach Belieben)
3–4 Tropfen **Vanillearoma**
70 g **Grahammehl** oder **Polentagrieß**
140 g **glutenfreies Mehl**
1 TL **Xanthan-Gummi**
1 TL **Natron**
½ TL **Meersalz**
1½ TL **gemahlener Zimt**
1 TL **gemahlener Ingwer**
180 ml heißes **Wasser**
2 Tropfen **Mandarinen-, Zitronen-** oder **Orangenaroma**
1 Portion **Vegane Vanilleglasur** (siehe Seite 97)

1. Heizen Sie den Backofen auf 160 °C/Gas Stufe 3 vor. Fetten Sie eine Brotform (900 g) ein und legen Sie sie mit Backpapier aus.
2. Vermischen Sie Möhren, Apfel oder Süßkartoffel, Kokosflocken, Kokosfett, Sonnenblumenöl, Agavendicksaft, Yacon-Sirup und Vanillearoma.
3. Vermengen Sie die trockenen Zutaten. Rühren Sie die Möhrenmischung ein.
4. Gießen Sie nach und nach das Wasser mit dem Aroma zu und verrühren Sie alles zu einem glatten Teig. Füllen Sie ihn in die Form.
5. Backen Sie den Teig ca. 40–45 Minuten, bis ein Holzstäbchen, das Sie in den Kuchen stechen, sauber bleibt. Nehmen Sie ihn aus der Form und lassen Sie ihn auskühlen. Überziehen Sie den Kuchen mit Vanilleglasur.

TIPP

- Da der Kuchen glutenfrei ist, sieht er anders als ein gewöhnlicher Kuchen aus. Das Xanthan-Gummi wirkt als Bindemittel.

# Zucchinibrot

Dieses süße, dunkle Brot ist ein amerikanischer Klassiker, hierzulande aber fast unbekannt. In den USA isst man das Brot nachmittags zu einer Tasse Kaffee oder Tee. Der Zimt passt gut zu Zucchini. Eine großartige Alternative zu Bananenbrot.

Fast alle Zutaten in diesem Rezept wiegen 200 g, weshalb man es leicht auswendig lernen kann.

Für 8–10 Personen
Vorbereitungszeit: 20 Minuten
Garzeit: 50 Minuten
V

REZEPT GETESTET VON JOHN & AMY

200 g **Butter**, plus zusätzlich Butter zum Einfetten
200 g **brauner Zucker**
3 **Bio-Eier**
200 g **Zucchini** (mit Schale), gewaschen und geraspelt
200 g **Weizenmehl**
1 TL **Backpulver**
1 Prise **Meersalz**
½ TL **gemahlener Zimt**

1. Fetten Sie eine Brotform (900 g) ein und legen Sie sie mit Backpapier aus. Heizen Sie den Backofen auf 170 °C/ Gas Stufe 3½ vor.
2. Zerlassen Sie die Butter in einem Topf. Schlagen Sie den Zucker mit den Eiern schaumig. Gießen Sie unter ständigem Rühren die Butter zu, bis sie gut untergemischt ist. Heben Sie die Zucchini unter.
3. Vermengen Sie Weizenmehl, Backpulver, Salz und Zimt.
4. Geben Sie die feuchten Zutaten zu den trockenen Zutaten und vermischen Sie sie so, dass sie gerade eingearbeitet sind. Füllen Sie den Teig in die Brotform und backen Sie das Brot 40–50 Minuten, bis ein Holzstäbchen, das Sie in die Mitte des Brotes stechen, sauber bleibt. Lassen Sie das Brot in der Form auskühlen.

# VIOLET-Kokosmakronen

Diese Plätzchen haben eine einzigartige knusprige Konsistenz. Eine Warnung: Sie machen süchtig. Violet ist der Name von Claires Bäckerei und Geschäft im Wilton Way sowie von ihrem Stand auf dem Broadway Market in Hackney, London.

Ergibt 12 Stück
Vorbereitungszeit: 5 Minuten
Garzeit: 15 Minuten
❤ WF GF MF

REZEPT GETESTET VON PETRA

3 **Eiweiß** von **Bio-Eiern**
150 g **Feinstzucker**
1 Prise **Salz**
2 TL **Honig**
150 g **Kokosraspel**
1–2 Tropfen **Vanillearoma**

Die Freundschaft zu Henry und Mima habe ich diesen Makronen zu verdanken. Sie kamen immer wieder an meinen Marktstand, um sie zu kaufen.

CLAIRE

1. Heizen Sie den Backofen auf 150 °C/Gas Stufe 2 vor. Legen Sie ein Backblech mit Backpapier aus.
2. Vermischen Sie Eiweiß, Zucker, Salz, Honig und Kokosraspel in einem großen Topf bei mittlerer Hitze. Rühren Sie die Mischung ständig, bis alles aufgelöst ist und sie anfängt, am Boden zu haften.
3. Nehmen Sie den Topf vom Herd und rühren Sie das Vanillearoma ein.
4. Lassen Sie die Mischung auskühlen. Stechen Sie mit einem Eisportionierer 12 gleich große Makronen aus. Setzen Sie diese auf das Backblech.
5. Backen Sie die Makronen 10–15 Minuten, bis sie goldgelb und fest sind. Lassen Sie die Makronen auskühlen, bevor Sie sie vom Blech nehmen.

TIPPS

- Der Trick für perfekte Makronen besteht darin, die Zutaten im Topf so lange zu rühren, bis sie anfangen auszutrocknen.
- Das Vanillearoma können Sie auch weglassen.

# Leons Pekannuss-Pie

Eine einfache glutenfreie Pekannuss-Pie, die in unserem Restaurant ein Renner wurde. Die Pie wird von Craig Barton, einem unserer Lieblingsbäcker, gebacken.

Für 8–10 Stück
Vorbereitungszeit: 50 Minuten
Garzeit: 1 Stunde 10 Minuten
WF GF V

*Für den süßen Teig:*
150 g **Butter**
100 g **Feinstzucker**
1 **Bio-Ei**, plus 1 **Eigelb**
270 g **glutenfreies Mehl**

*Für die Füllung:*
50 g **Butter**
225 g **heller Zuckerrübensirup**
2 EL **Feinstzucker**
1 TL **Maisstärke**
2 große **Bio-Eier**
200 g **Pekannusshälften**

Craig in Atherstone, 1979

1. Rühren Sie Butter und Zucker schaumig. Geben Sie Ei und Eigelb zu und mischen Sie alles so lange, bis die Eier ganz eingearbeitet sind. Kneten Sie das Mehl ein und formen Sie den Teig zu einer Kugel. Wickeln Sie den Teig in Frischhaltefolie und legen Sie ihn mind. 30 Minuten in den Kühlschrank.
2. Fetten Sie eine runde Backform (23–25 cm Ø) mit gewelltem Rand mit Butter ein. Rollen Sie den Teig auf einer bemehlten Arbeitsfläche ca. 3–5 cm dick aus und kleiden Sie die Form damit aus. Schneiden Sie die Ränder gerade und geben Sie die Form 30 Minuten in den Kühlschrank. Heizen Sie den Backofen auf 160 °C/Gas Stufe 3 vor.
3. Legen Sie den Teigboden mit Backpapier aus und füllen Sie ihn mit Backbohnen. Backen Sie den Boden 20 Minuten, entfernen Sie dann die Backbohnen und backen Sie den Boden weitere 5 Minuten. Der Boden sollte goldgelb sein.
4. Zerlassen Sie die Butter mit dem Sirup in einem Topf bei kleiner Hitze. Nehmen Sie den Topf vom Herd und rühren Sie den Zucker unter.
5. Vermengen Sie Maisstärke und Eier, bis sie glatt sind, und gießen Sie die Mischung in den Topf.
6. Belegen Sie den Kuchenboden mit den Pekannüssen. Gießen Sie so viel von der Sirupmischung zu, dass der Kuchenboden fast bis zum oberen Rand gefüllt ist. Schieben Sie die Pie in den Ofen.
7. Backen Sie die Pie ca. 40 Minuten, bis sie eine dunkelbraune Farbe angenommen hat und sich in der Mitte leicht wölbt. Lassen Sie sie in der Form auskühlen.

TIPP

- Servieren Sie die Pie kalt zum Tee oder warm mit Vanilleeis (siehe Seite 158).

Pecan Pie

# Petras Honigbrot

Ein süßes, weiches, äußerst leckeres Teebrot. Mit einer dicken Schicht Butter darauf macht es geradezu süchtig.

Ergibt 1 kleinen Brotlaib (450 g)
Vorbereitungszeit: 15 Minuten
Garzeit: 1 Stunde
MF

225 g **Weizenmehl**
115 g **Feinstzucker**
115 g **Honig**
250 ml heißes **Wasser**
1 TL **Natron**
abgeriebene Schale von 1 **Zitrone**

1. Heizen Sie den Backofen auf 160 °C/Gas Stufe 3 vor. Fetten Sie eine Brotform (450 g) mit Butter ein und legen Sie sie mit Backpapier aus.
2. Mischen Sie Mehl und Zucker in einer großen Schüssel.
3. Erhitzen Sie Honig und Wasser in einem kleinen Topf.
4. Rühren Sie das Natron in das Honigwasser. Gießen Sie die Mischung zu den trockenen Zutaten und mischen Sie alles, bis das Wasser gerade eingearbeitet ist.
5. Geben Sie den Teig in die Form und backen Sie das Brot 50–60 Minuten.
6. Nehmen Sie es aus der Form und lassen Sie es auskühlen.

TIPPS

- Sie können das noch warme Brot mit Honig bestreichen, sodass es einen schönen Glanz erhält.
- Ersetzen Sie die abgeriebene Zitronenschale durch abgeriebene Orangen- oder Klementinenschale.

Meine Schwiegermutter Petra ist die Königin der Teestunde. Egal wann wir sie besuchen, sie überschüttet uns mit selbst gemachten Leckereien. Dieses Honigbrot ist eines ihrer Meisterstücke. Es wird in dünnen Scheiben serviert und hat einen herrlichen Geschmack, der nach einem zweiten Stück verlangt. Das Nächste, woran Sie sich wieder erinnern können, ist, dass Sie alles verputzt haben.

HENRY

# Gesunde Scones

Diese Scones werden mit einer Vielzahl alternativer Zutaten hergestellt und haben viele gesunde Nährstoffe. Doch wir lieben es auch, sie mit Clotted Cream zu essen.

Ergibt 12 Stück
Vorbereitungszeit: 25 Minuten
Garzeit: 25 Minuten
❤ ✓ MF V

REZEPT GETESTET VON: JOHN

100 g **glutenfreies Mehl**
100 g **Dinkelmehl**
3 TL **glutenfreies Backpulver**
1 große Prise **Meersalz**
50 g **Kokosfett**, zerlassen, oder **Sonnenblumenöl**
2 EL **Ahornsirup**
5 Tropfen **Vanillearoma**
80 ml heißes **Wasser**
50 ml **Reismilch**
**Clotted Cream** oder **Sahneersatz** und **frische Erdbeerkonfitüre** (siehe Seite 226) zum Servieren

1. Geben Sie alle trockenen Zutaten in eine Schüssel. Gießen Sie das Kokosfett zu und verrühren Sie alles.
2. Rühren Sie alles außer Sahne und Konfitüre unter die trockenen Zutaten, bis ein Teig entsteht. Rühren Sie nicht zu stark.
3. Lassen Sie den Teig 10 Minuten ruhen. Legen Sie ein Backblech mit Backpapier aus und heizen Sie den Backofen auf 180 °C/Gas Stufe 4 vor.
4. Rollen Sie den Teig 1,5–2 cm dick aus. Stechen Sie mit einem Plätzchenausstecher (6 cm Ø) Kreise aus.
5. Legen Sie die Scones auf das Backblech und backen Sie sie 20–25 Minuten, bis sie sich bei Druck fest anfühlen.
6. Nehmen Sie die Scones aus dem Ofen und lassen Sie sie auf einem Kuchengitter auskühlen, bevor Sie sie aufschneiden und mit Sahne und Konfitüre bestreichen.

TIPP

Sie können die Scones weizenfrei machen, wenn Sie das Dinkelmehl weglassen und mehr von dem glutenfreien Mehl oder Grahammehl nehmen.

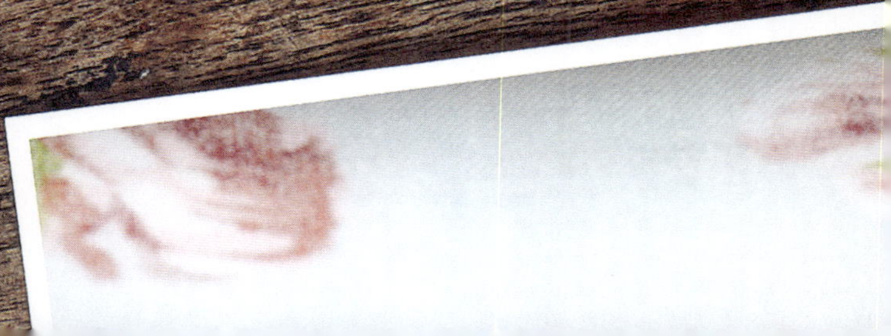

# DESSERTS

# FRUIT

Dank der geografischen Lage und des Klimas sind wir in Großbritannien mit einer wunderbaren Vielfalt an Früchten vom Frühling (Rhabarber) über den Hochsommer (Beeren, Pflaumen) bis tief in den Herbst (Quitten, Birnen, Äpfel) gesegnet. Und im Winter, wenn die Speisekammer fast leer ist, kommen die spanischen Zitrusfrüchte herangesegelt.

In den meisten traditionellen englischen Desserts wird eine Frucht mit Mehl, Zucker und Milchprodukten kombiniert. Köstlich, aber nicht immer nährstoffreich. Im Folgenden finden Sie neben diesen traditionellen Rezepten auch gesündere Alternativen.

Sie können eine Obstsorte leicht durch eine andere ersetzen. Sobald Sie ein Gericht einmal gemacht haben, können Sie diesen Nachtisch immer wieder neu erfinden, indem Sie mit einer anderen Frucht spielen.

GROWN AND PACKED BY

LEON

# Geschmorte Pfirsiche

Manchmal sind die einfachsten Dinge auch die besten. Achten Sie darauf, möglichst gute Pfirsiche zu kaufen.

Für 4 Personen
Vorbereitungszeit: 5 Minuten
Garzeit: 15 Minuten
WF GF
(ohne Crème double MF V)

4 reife **weiße** oder **gelbe Pfirsiche**
8 EL **Weißwein**
100 g **Feinstzucker**
**Crème double** zum Servieren

1. Heizen Sie den Backofen auf 180 °C/Gas Stufe 4 vor.
2. Halbieren Sie die Pfirsiche und entfernen Sie die Steine. Legen Sie die Pfirsiche mit der Schnittseite nach oben in einen Bräter. Gießen Sie den Wein zu und streuen Sie den Zucker darüber.
3. Backen Sie die Pfirsiche 12–15 Minuten im Ofen, bis sie Blasen werfen und an den Rändern leicht goldbraun sind.

TIPPS

- Wenn die Pfirsiche aus dem Ofen kommen, werden sie anfangs noch Blasen werfen. Verteilen Sie sie auf kleine Teller und reichen Sie Kännchen mit Crème double dazu.
- Verwenden Sie reife Pfirsiche. Wenn sie nicht reif genug sind, wird sie kein Schmoren der Welt retten können.

GEORGIA FOTOGRAFIERT BANANEN AUF DER STRASSE.

# Gegrillte Schoko-Bananen

BBQ

Wenn Burger und Würstchen fertig sind und der Grill abkühlt, wird es Zeit für diese Köstlichkeit. Ein einfaches und spaßiges Grillgericht für Kinder.

Für 6 Personen
Vorbereitungszeit: 2 Minuten
Garzeit: 10 Minuten
✓ WF GF V

6 **Bananen** mit Schale
6 Riegel Ihrer Lieblings**schokolade**, in Stücke gebrochen

1. Schneiden Sie die Bananen der Länge nach auf, aber nicht in zwei Hälften, sondern nur bis in die Mitte des Fruchtfleischs.
2. Drücken Sie die Schokostückchen hinein und legen Sie die Bananen auf den Grill.
3. Backen Sie sie, bis die Schokolade schmilzt. Die Schale wird sich schwarz verfärben und nicht mehr so schön aussehen, aber das macht nichts.
4. Servieren Sie die Bananen.

TIPPS

- Mit etwas Toffee-Karamell-Sauce oder einer einfachen Karamellsauce beträufelt, werden die Bananen noch köstlicher.
- Wenn Sie die Bananen mit etwas grobem Meersalz bestreuen, bekommen diese eine wunderbare Textur und einen interessanten Geschmack.
- Sie können die Bananen mit Schale servieren oder sie aus der Schale lösen, behutsam auf einen Teller gleiten lassen und mit einem Löffel leicht geschlagener Sahne servieren.

# Bratäpfel

Bratäpfel sind leicht zu machen und perfekt für einen kühlen Herbstabend. Es wird Zeit, dass sie wieder in Mode kommen.

Für 4 Personen
Vorbereitungszeit: 15 Minuten
Garzeit: ca. 1 Stunde
❤ ✓ MF V
(WF GF mit glutenfreiem Brot)

4 mittelgroße **Äpfel** (z. B. Cox oder Braeburn)
1 Scheibe altbackenes **Brot** (Weißbrot oder glutenfreies Brot), zerkleinert
150 g **Mincemeat** (selbst gemacht oder Fertigprodukt)
1 Prise **Meersalz**

REZEPT GETESTET VON SAM & FRED

1. Heizen Sie den Backofen auf 180 °C/Gas Stufe 4 vor. Legen Sie ein Backblech mit Backpapier aus.
2. Stechen Sie das Kerngehäuse der Äpfel aus (nicht ganz durchzustechen). Stellen Sie die Äpfel auf Alufolienstücke, die groß genug sind, um die Äpfel einzuwickeln. Setzen Sie sie auf das Blech.
3. Mischen Sie das Brot mit Mincemeat und Salz. Füllen Sie die Mischung in die Äpfel. Wickeln Sie die Folie locker um die Äpfel und backen Sie diese 45–60 Minuten, bis sie weich sind.

TIPPS

- Servieren Sie dazu Vanillesauce (siehe Seite 34) oder Sahne.
- Statt Mincemeat können Sie Folgendes nehmen:
  - Himbeeren, brauner Zucker, Semmelbrösel mit Vanilleeis serviert.
  - getrocknete Aprikosen, Sultaninen und Sauerkirschen, in Rotwein und Zucker eingelegt; mit Butter beträufelt und mit Sahne serviert.

# Gestürzter Ananaskuchen

Ein Karnevalskuchen: locker, aromatisch, etwas kitschig, aber zutiefst befriedigend.

Für 6 Personen
Vorbereitungszeit: 25 Minuten
Garzeit: 40 Minuten
V

*Für den Karamell:*
100 g **Butter**
150 g **Rohrzucker**

*Für den Kuchen:*
125 g sehr weiche **Butter**
180 g **Feinstzucker**
2 **Bio-Eier**
2 Tropfen **Vanillearoma**
1 TL **Salz**
100 ml **Vollmilch**
210 g **Weizenmehl**
2 TL **Backpulver**
½ **Ananas**, Schale und Strunk entfernt, in Ringen

1. Heizen Sie den Backofen auf 170 °C/Gas Stufe 3½ vor.
2. Vermengen Sie für den Karamell Butter und Rohrzucker in einer tiefen Backform (20 cm Ø) und lassen Sie diese unter Rühren bei niedriger Hitze köcheln. Stellen Sie die Form zum Abkühlen beiseite.
3. Rühren Sie Butter und Zucker schaumig. Geben Sie ein Ei nach dem anderen zu und arbeiten Sie es jeweils gut ein. Fügen Sie Vanille und Salz zu. Gießen Sie die Hälfte der Milch zu und verrühren Sie alles.
4. Sieben Sie Mehl und Backpulver zusammen und geben Sie die Hälfte davon zu der Teigmischung. Arbeiten Sie die restliche Milch und das restliche Mehl ein.
5. Belegen Sie den abgekühlten Karamell mit Ananas. Geben Sie den Teig darüber und streichen Sie die Oberfläche glatt. Backen Sie den Kuchen 40 Minuten.
6. Lassen Sie den Kuchen ca. 15 Minuten in der Form ruhen, bevor Sie ihn mit einem Messer vom Rand lösen und auf eine Kuchenplatte stürzen.

TIPPS

- Wenn der Kuchen festklebt, können Sie ihn entweder zurück in den Ofen geben, damit der Karamell etwas weicher wird, oder die Kuchenform für 1 Minute auf die heiße Herdplatte stellen, um den Karamell wieder zu schmelzen.
- Sie können für diesen Kuchen auch Dinkelmehl nehmen. Glutenfreies Mehl eignet sich dagegen nicht. Die schweren Früchte und der Karamell brauchen einen kräftigeren Boden.

# Tarte Tatin

Knuspriger Teig und warme, karamellisierte Äpfel in einem See aus Sahne.

Für 8 Personen
Vorbereitungszeit: 35 Minuten
Garzeit: 40 Minuten
V

250 g Tiefkühl-**Blätterteig**
**Mehl** zum Ausrollen
4–6 mittelgroße **Äpfel** (Cox und Granny Smith sind gut geeignet)
Saft von ½ **Zitrone**
25 g **Butter**
75 g **Feinstzucker**
**Schlagsahne** zum Servieren

1. Heizen Sie den Backofen auf 200 °C/Gas Stufe 6 vor. Legen Sie ein Backblech mit Backpapier aus.
2. Rollen Sie den Teig auf einer leicht bemehlten Arbeitsfläche zu einem Kreis (30 cm Ø) aus. Begradigen Sie den Rand mit einem scharfen Messer. Versuchen Sie, den Kreis so perfekt wie möglich zu machen, ohne zu viel vom Durchmesser abzuweichen. Legen Sie den Teigkreis vorsichtig auf das Backblech. Stellen Sie dieses in ein Gefrierfach, wenn es reinpasst, ansonsten in den Kühlschrank.
3. Schälen und vierteln Sie die Äpfel, entfernen Sie das Kerngehäuse und beträufeln Sie die Äpfel mit dem Zitronensaft, damit sie nicht braun werden.
4. Zerlassen Sie die Butter in einer Tarteform bei mittlerer Hitze, bis sie schäumt. Lösen Sie den Zucker darin auf. Erhöhen Sie die Hitze und kochen Sie den Zucker, bis er karamellisiert. Nehmen Sie ihn vom Herd, bevor er zu dunkel wird.
5. Legen Sie die Äpfel eng in zwei Kreisen in die Form. Decken Sie die Äpfel mit dem Blätterteig ab und schlagen Sie die Ränder ein. Stechen Sie mit einem Messer mehrfach in den Teig, damit der Dampf entweichen kann.
6. Backen Sie die Tarte ca. 30 Minuten, bis der Teig goldgelb ist. Nehmen Sie die Form aus dem Ofen und lassen Sie die Tarte 5 Minuten ruhen.
7. Lösen Sie die Tarte mit einem Messer vom Rand der Form. Legen Sie eine Kuchenplatte auf die Form und stürzen Sie die Tarte auf die Platte. Träufeln Sie den Saft über die Tarte und servieren Sie sie heiß mit viel flüssiger Sahne.

## TIPPS

- Sie können den Karamell so dunkel werden lassen, wie Sie möchten und dann den Garprozess stoppen, indem Sie den Boden des Topfes in eiskaltes Wasser tauchen.
- Sie können die Äpfel auch durch Birnen oder Quitten ersetzen.

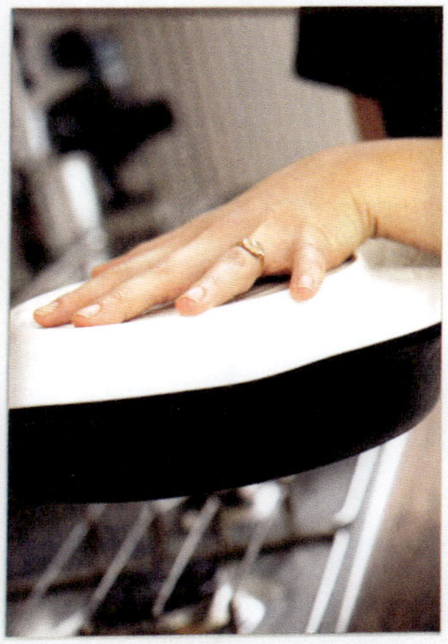

# Key Lime Pie

Key-Limetten kommen von den Florida Keys und sind meist kleiner und süßer als andere Limetten. Wenn Sie für Ihre Einkäufe nicht nach Florida jetten können, machen Sie sich nichts daraus – der Kuchen wird trotzdem wunderbar schmecken.

Für 6–8 Personen
Vorbereitungszeit: 20 Minuten
Garzeit: 35 Minuten
V

REZEPT GETESTET VON MIMA

200 g zerkrümelte **Vollkorn-Butterkekse**
85 g **Butter,** zerlassen
400 g **Kondensmilch**
4 **Eigelb** von **großen Bio-Eiern**
1 EL abgeriebene **Limettenschale**, plus zusätzlich Schale zum Garnieren (von ca. 3 Limetten)
120 ml frisch gepresster **Limettensaft** (von ca. 6 Limetten)
350 g **Crème double**, gekühlt

1. Heizen Sie den Backofen auf 180 °C/Gas Stufe 4 vor.
2. Vermischen Sie die Kekskrümel mit der Butter in einer Schüssel. Drücken Sie die Mischung in eine Pie-Form (23 cm Ø) und backen Sie den Boden ca. 12–15 Minuten im Ofen, bis er leicht braun ist. Nehmen Sie ihn aus dem Ofen und stellen Sie ihn auf ein Kuchengitter, bis er vollständig abgekühlt ist.
3. Reduzieren Sie die Ofentemperatur auf 160 °C/Gas Stufe 3.
4. Verrühren Sie Kondensmilch, Eigelb, Limettenschale und -saft. Gießen Sie die Mischung auf den abgekühlten Boden.
5. Backen Sie die Pie ca. 15–20 Minuten im Ofen, bis die Füllung gefestigt ist, aber noch wackelt, wenn man die Form leicht rüttelt.
6. Lassen Sie die Pie in der Form auskühlen.
7. Wenn die Pie ausgekühlt ist, stellen Sie sie in den Kühlschrank.
8. Schlagen Sie vor dem Servieren die Sahne leicht steif, bis sie weiche Spitzen hat, und bestreichen Sie damit die Pie.
9. Garnieren Sie die Pie mit etwas Limettenschale.

TIPP

- In manchen Supermärkten kann man mittlerweile zerkrümelte Butterkekse kaufen. Sie können aber auch einfach die Kekse in einen Plastikbeutel geben und sie mit einem Teigroller zerdrücken.

# Jossys Rhabarber-Mango-Kompott

Dies ist eine einfache, aber sehr leckere Kombination, die zudem noch wunderschön aussieht. Das dunkle Gelb der Mango kontrastiert wunderbar mit dem klaren Pink des Rhabarbers.

Für 4 Personen
Vorbereitungszeit: 20 Minuten
Garzeit: 1 Stunde
❤ WF GF MF V

500 g junger dünnstieliger, rotfleischiger **Rhabarber**
1,5-cm-Stück **frischer Ingwer**
2–3 **Sternanise**
150 ml **Cranberrysaft**
Saft von 2 **Limetten**
50 g **Feinstzucker**
1 große oder 2 kleine reife **Mangos**
einige **Pfefferminzblätter** zum Dekorieren

1. Heizen Sie den Backofen auf 170 °C/Gas Stufe 3½ vor.
2. Schneiden Sie den Rhabarber schräg in 5 cm lange Stücke. Schälen und halbieren Sie den Ingwer. Schneiden Sie ihn in kleine, hauchdünne Scheiben.
3. Verteilen Sie Rhabarber, Ingwer und Sternanis in einer breiten Auflaufform. Bringen Sie Cranberrysaft, Limettensaft und Zucker in einem Topf zum Kochen und rühren Sie dabei, bis sich der Zucker aufgelöst hat. Lassen Sie die Mischung 2 Minuten sprudelnd kochen und gießen Sie sie dann über den Rhabarber.
4. Decken Sie die Form fest mit Alufolie ab und backen Sie das Kompott ca. 1 Stunde auf mittlerer Schiene, bis der Rhabarber sehr weich ist. Nehmen Sie die Form aus dem Ofen, entfernen Sie die Alufolie und lassen Sie alles abkühlen.
5. Schneiden Sie die Mango auf und das Fruchtfleisch vom Stein. Schälen und schneiden Sie sie in dünne Streifen. Arrangieren Sie die Mangostreifen zwischen dem Rhabarber, legen Sie den Sternanis darauf und stellen Sie das Kompott im Kühlschrank kalt. Bestreuen Sie das Kompott vor dem Servieren mit Pfefferminzblättern.

# Heidelbeer-Käsekuchen

Ein reichhaltiger, cremiger Käsekuchen mit einem leicht säuerlichen Fruchtbelag. Großartig.

Für 8–10 Personen
Vorbereitungszeit: 20 Minuten
Garzeit: 45 Minuten–1 Stunde
V

125 g **Vollkorn-Butterkekse**
125 g **Ingwerkekse**
90 g **Butter**, zerlassen
550 g **Frischkäse**
125 g **Feinstzucker**
2 TL **Zitronensaft**
Mark aus 1 **Vanillestange**
200 g **Crème fraîche** oder **Schmand**
100 g **griechischer Joghurt**
3 **große Bio-Eier**

*Für den Heidelbeerbelag:*
2 kleine Schälchen **Heidelbeeren**
2 TL **Maisstärke**
3 EL **Wasser**

Bei Leon ist es Tradition, dem Restaurantteam, das etwas Besonderes geleistet hat, einen Kuchen zu backen. Diesen hier habe ich für Remi und sein Team aus unserer Filiale in der Cannon Street gebacken, nachdem sie ihre Verkaufszahlen durchgegeben hatten. Ingwerkekse als Kuchenboden zu verwenden, ist ein Trick, den ich von meiner Mutter gelernt habe.

HENRY

1. Heizen Sie den Backofen auf 160 °C/Gas Stufe 3 vor. Zerkleinern Sie die Kekse in einem Mixer zu feinem Pulver und geben Sie dieses in eine Schüssel. Rühren Sie die Butter unter die Kekskrümel.
2. Drücken Sie die Keksmischung auf den Boden einer hohen Springform und stellen Sie sie in den Kühlschrank, bis sie fest ist.
3. Rühren Sie Frischkäse, Zucker, Zitronensaft und Vanillemark cremig. Mischen Sie Crème fraiche und Joghurt unter, dann die Eier und rühren Sie alles glatt.
4. Geben Sie die Füllung auf den Keksboden, streichen Sie die Oberfläche glatt und backen Sie den Kuchen 45 Minuten im Ofen, bis die Füllung fest ist.
5. Lassen Sie den Kuchen auskühlen. Lösen Sie den Kuchen mit einem kleinen Messer vom Rand der Form.
6. Wenden Sie die Heidelbeeren in der Maisstärke und geben Sie sie mit dem Wasser in einen Topf. Erhitzen Sie die Heidelbeeren unter Rühren, bis sie aufplatzen. Lassen Sie sie abkühlen und verteilen Sie sie auf dem Kuchen.

TIPP

- Kirschen mit 2 Tropfen Bittermandelaroma schmecken auf einem Käsekuchen ebenso lecker wie Cranberrys mit abgeriebener Orangenschale.

# Pochierte Birnen

Birnen sind ein so alltägliches Obst, dass man ihre Schönheit leicht übersieht. Sie in Wein zu pochieren, ist die einfachste Art, um sie zu veredeln.

Für 6 Personen
Vorbereitungszeit: 10 Minuten
Garzeit: ca. 20 Minuten
❤ WF GF MF V

REZEPT GETESTET VON ZOE

2 Flaschen **Weißwein**
abgeriebene Schale von 1 **Zitrone**
1 **Vanillestange**, aufgeschlitzt und Mark herausgekratzt
300 g **Feinstzucker**
300 ml **Wasser**
6 feste, aber reife **Birnen**

1. Geben Sie alle Zutaten außer den Birnen in einen Topf, der groß genug ist, um alle Birnen aufzunehmen. Erhitzen Sie alles unter Rühren, bis sich der Zucker auflöst.
2. Schälen Sie die Birnen und stellen Sie sie aufrecht in den Topf. Lassen Sie die Flüssigkeit ganz leicht köcheln. Pochieren Sie die Birnen, bis sie weich sind (ca. 20–30 Minuten).
3. Servieren Sie sie mit Sahne, Zabaione (siehe unten) oder mit einer Schnellen Vanillesauce (siehe Seite 34).

TIPP

- Sie können die Birnen in Rot- statt in Weißwein pochieren, ersetzen Sie dann die Zitronen- durch Orangenschale und die Vanillestange durch Zimt. Oder nehmen Sie 3 rote und 3 weiße Birnen.

# Zabaione

Zabaione, oder auf Italienisch Zabaglione, ist ein perfekter Begleiter zu jeder pochierten Frucht, sie schmeckt aber genauso gut zu knusprig-süßem Gebäck.

Für 4–6 Personen
Vorbereitungszeit: 5 Minuten
Garzeit: 35 Minuten
WF GF V

75 ml **Muskateller, Sauternes** oder **Marsala**
1 EL **Feinstzucker**
4 **Eigelb** von **Bio-Eiern**
225 g **Crème double**

1. Lassen Sie den Wein in einem Topf köcheln, bis er um die Hälfte reduziert ist.
2. Schlagen Sie Zucker und Eigelb mit einem elektrischen Handrührgerät schaumig.
3. Gießen Sie den Wein in einem dünnen Strahl in die Eigelbmischung. Rühren Sie kräftig weiter, bis sie kalt ist – sie muss komplett ausgekühlt sein, bevor Sie die Crème double zugeben, sonst schmilzt die Creme und verliert ihr Volumen.
4. Schlagen Sie die Sahne leicht steif und heben Sie sie unter die Creme.

# Fools & Gelees

Die einfachste Art, um mit Früchten zum Nachtisch zu beeindrucken, ist, sie in Gelee zu verwandeln oder zusammen mit Schlagsahne ein „Fool“ (Fruchtcreme) daraus zu machen. Beides sind sehr traditionelle englische Desserts.

## Stachelbeer-Fool

Henry hat am Ende seines Gartens einen winzigen, etwas kümmerlichen Stachelbeerbusch, der jedes Jahr gerade genug Früchte trägt, um einmal dieses Dessert zuzubereiten.

Für 6 Personen
Vorbereitungszeit: 10 Minuten
Garzeit: 10 Minuten
WF GF V

400 g **Stachelbeeren**
einige EL **Wasser**
80 g **Feinstzucker**
500 g **Crème double**

1. Kochen Sie die Stachelbeeren mit dem Wasser 10 Minuten bei mittlerer Hitze, bis sie sehr weich sind.
2. Pürieren Sie die Mischung mit dem Zucker in einem Mixer und prüfen Sie, ob sie süß genug ist. Passieren Sie sie durch ein Sieb, um die Kerne zu entfernen.
3. Schlagen Sie die Sahne, bis sie weiche Spitzen bildet, und heben Sie das Stachelbeerpüree behutsam unter, sodass noch Streifen des Pürees in der Sahne sichtbar sind.
4. Servieren Sie das Dessert in einer Schüssel oder in Gläsern.

TIPP

- Wenn Sie anderes Obst nehmen möchten, sind säuerliche einheimische Früchte für diese Creme am besten geeignet. Versuchen Sie es mit Rhabarber, Pflaumen oder Himbeeren.

# Gelee aus Blutorangen & Weißwein

Das Wackeln eines so eben fest gewordenen Gelees hat etwas Verführerisches. Dieses hier basiert auf einem Rezept aus Richard Olneys Klassiker „The French Menu Cookbook“ aus den 1970er-Jahren. Sein Rezept enthält eine Anleitung, wie man die Gelatine aus Kalbsfüßen herstellt. Glücklicherweise können wir inzwischen wirklich gute Gelatine in Form von Blättern kaufen.

Für 6 Personen
Vorbereitungszeit: 10 Minuten
Garzeit: 10 Minuten
❤ WF GF MF
(V bei vegetarischem Geliermittel)

150 ml **süßer Weißwein** (z.B. Muscat de Baumes de Venise)
50 g **Feinstzucker**
1 **Zimtstange**
450 ml frisch gepresster **Blutorangensaft** (5–6 Orangen)
4 Blätter **Gelatine** (ca. 40 g)

1. Kochen Sie Wein, Zucker, Zimtstange und 150 ml Orangensaft in einem Topf auf. Nehmen Sie ihn vom Herd und entfernen Sie die Zimtstange. Lösen Sie die Gelatine nach Packungsanleitung in der Mischung auf.
2. Vermengen Sie den Rest des Orangensafts in einem Gefäß mit der Flüssigkeit aus dem Topf. Gießen Sie die Mischung in eine Puddingform. Lassen Sie sie abkühlen und dann im Kühlschrank fest werden.
3. Tauchen Sie die Form 1–2 Sekunden in eine Schüssel mit heißem Wasser und stürzen Sie das Gelee auf einen Teller. Servieren Sie das Gelee mit Schlagsahne oder Crème double.

TIPPS

- Richard Olney nimmt meist Orangen- und Zitronensaft statt Blutorangensaft. Sie können mit anderen Säften experimentieren: Weißwein, Holunderblütensirup, Granatapfel-, Grapefruit- oder Limettensaft.
- Sie können das Gelee auch mit Kräutern und Gewürzen aromatisieren – z.B. passt Rosmarin zu Orangensaft oder Kardamom zu Kokosmilch.
- Fügen Sie dem Gelee ganze Früchte zu (Weintrauben, Erdbeeren, Johannisbeeren usw.) Sie können die Früchte „schweben“ lassen, wenn Sie eine Schicht Gelee stocken lassen, dann die Früchte und schließlich das restliche Gelee daraufgeben.
- Einige Früchte enthalten Enzyme, die die Gelatine zersetzen, sodass diese kaum fest wird, wie Feigen, Kiwis, Mangos, Melonen, Papayas, Ananas, Ingwer.

# COBBLERS, CRUMBLES & CRISPS

Es gibt viele Möglichkeiten, einem Früchtekompott ein bisschen süßen „Biss“ zu verleihen. Der amerikanische Cobbler wird mit kleinen, flachen Teigscheiben bedeckt. Der britische Crumble ist ganz mit einer Schicht Streusel bedeckt. Crisps ähneln einem Crumble, haben aber eine viel dünnere Knusperschicht. Alle drei bilden köstliche karamellisierte Krusten am Rand der Auflaufform.

## Erdbeer-Heidelbeer-Cobbler

Cobblers sind der perfekte Sommernachtisch. Der Belag des Cobbler ähnelt einem Scone oder amerikanischen Biskuit und fließt in die Früchte hinein. Servieren Sie dieses Gericht mit Sahne.

Für 6 Personen
Vorbereitungszeit: 15 Minuten
Garzeit: 40 Minuten
WF GF V

REZEPT GETESTET VON: SARAH

250 g **Heidelbeeren**
500 g **Erdbeeren**, geputzt und geviertelt
50 g **Feinstzucker**
4 EL **Maisstärke**
200 g **glutenfreies Mehl**
4 TL **glutenfreies Backpulver**
1 große Prise **Salz**
50 g **Butter**, gewürfelt
150 g **Crème double**, plus zusätzlich Crème double zum Bestreichen

1. Heizen Sie den Backofen auf 180 °C/Gas Stufe 4 vor. Vermischen Sie Beeren, Zucker und Maisstärke und geben Sie alles in eine tiefe Auflaufform (1–1,5 Liter).
2. Geben Sie Mehl, Backpulver, Salz und Butter in eine Schüssel und arbeiten Sie die Butter mit einem Gabelrücken oder zwei Messern in das Mehl ein. Gießen Sie die Sahne darüber und verarbeiten Sie alles zu einem glatten Teig.
3. Formen Sie den Teig zu einer Kugel und lassen Sie ihn 10 Minuten ruhen. Rollen Sie ihn dann 2 cm dick aus und stechen Sie Kreise mit einem Plätzchenausstecher aus.
4. Legen Sie die Kreise auf die Früchte, bestreichen Sie sie mit Crème double und stellen Sie die Form auf ein Backblech, um Tropfen aufzufangen.
5. Backen Sie den Cobbler 35–40 Minuten, bis der Teigdeckel goldgelb ist.

TIPPS

- Sie können den Cobbler-Belag auch mit Weizenmehl zubereiten.
- Experimentieren Sie mit verschiedenen Früchten: Pfirsiche und Nektarinen mit etwas Zitronenschale und -saft eignen sich gut.

# Pflaumen-Crumble

Bei Crumbles ist es wichtig, die richtige Balance zwischen süß und sauer sowie zwischen weich und knusprig zu finden. Dies hier ist ein wundervoller Abschluss für ein einfaches Abendessen im Sommer.

Für 6 Personen
Vorbereitungszeit: 15 Minuten
Garzeit: 45 Minuten
WF GF V

REZEPT GETESTET VON HANNAH

1 kg **Pflaumen**
50 g **Feinstzucker**
3 EL **glutenfreies Mehl**
1 EL **süßer Weißwein**

*Für den Belag:*
100 g **glutenfreies Mehl**
100 g **gemahlene Mandeln**
50 g **Mandelblättchen**
85 g **brauner Zucker**
1 Prise **Meersalz**
¼ TL **gemahlener Zimt**
150 g kalte **Butter**, in 1 cm große Würfel geschnitten

1. Heizen Sie den Backofen auf 180 °C/Gas Stufe 4 vor.
2. Halbieren und entsteinen Sie die Pflaumen und geben Sie sie in eine Schüssel. Verteilen Sie Zucker, Mehl und Wein darüber und füllen Sie alles in eine tiefe quadratische Auflaufform (23–25 cm Seitenlänge).
3. Zerkleinern Sie alle Zutaten für den Belag in einer Schüssel mit einem Gabelrücken oder zwei Messern.
4. Streuen Sie den Belag locker über die Früchte und backen Sie den Crumble 40–45 Minuten, bis die Früchte köcheln und der Belag goldgelb ist.

TIPP

- Mandeln und Pflaumen passen wunderbar zusammen, Sie können sie aber auch durch Haselnüsse und Heidelbeeren oder Walnüsse und Äpfel ersetzen.

Die Pflaumen aus Dittisham in der englischen Grafschaft Devon sind für ihren säuerlichen und sehr fruchtigen Geschmack berühmt. Ich habe dieses Rezept entwickelt, als ich mit meinem Mann Henry und seiner Familie Ferien in Dittisham verbrachte. Tagsüber gingen wir segeln oder schwimmen und sonnten uns, und am Abend war jeder ausgehungert. Henrys Tante brachte uns ein paar Pflaumen aus ihrem Garten, und wir bereiteten schnell diesen Crumble zu, der alle begeisterte.

CLAIRE

# Apfel-Crisp

Ein sehr einfaches Dessert und eine weitere tolle Möglichkeit, altbackenes Brot in etwas Köstliches zu verwandeln.

Für 6 Personen
Vorbereitungszeit: 10 Minuten
Garzeit: 35 Minuten
V (WF GF mit glutenfreiem Brot)

1,5 kg **Äpfel**, geschält, geviertelt und Kerngehäuse entfernt
Saft von 1 **Zitrone**
75 g **Feinstzucker**, plus 2 EL zusätzlich zum Bestreuen
¼ TL **gemahlener Zimt**
200 g **altbackenes Weißbrot**, Rinde entfernt und zerkleinert
100 g **gesalzene Butter**, zerlassen

1. Heizen Sie den Backofen auf 180 °C/Gas Stufe 4 vor.
2. Vermischen Sie Äpfel, Zitronensaft, Zucker und Zimt und geben Sie alles in eine tiefe Auflaufform (1–1,5 Liter).
3. Schwenken Sie die Brotstücke in der zerlassenen Butter und verteilen Sie sie auf den Äpfeln. Streuen Sie Zucker darüber und stellen Sie die Form auf ein Backblech, um eventuelle Tropfen aufzufangen.
4. Backen Sie alles 30–35 Minuten im Ofen, bis die Früchte anfangen zu köcheln und das Brot goldgelb ist.

TIPPS

- Servieren Sie das Dessert heiß mit flüssiger Sahne.
- Versuchen Sie es mal mit Birnen statt Äpfeln und geben Sie einen Schuss Weißwein hinzu.
- Nehmen Sie kein Sauerteigbrot, da es zu säuerlich für den Belag wäre. Verwenden Sie Weißbrot wie Baguette.

# BAISER

DIE ZUBEREITUNG VON BAISERS GILT ALS SCHWIERIG. DOCH WENN SIE EIN PAAR TRICKS BEACHTEN UND DIE RICHTIGEN GERÄTE BENUTZEN, IST ES EIN KINDERSPIEL. EIN ELEKTRISCHES HANDRÜHRGERÄT ERLEICHTERT DIE ZUBEREITUNG. DER BAISERTEIG KANN EWIG GESCHLAGEN WERDEN (ANDERS ALS SAHNE), DESHALB KANN MAN ES DAMIT KAUM ÜBERTREIBEN. EINE PRISE SALZ ODER EINE PRISE WEINSTEIN STABILISIEREN DAS EIWEISS UND VERHINDERN, DASS ES ZUSAMMENFÄLLT.

IST DER EISCHNEE ZUSAMMENGEFALLEN, HAT ER EINE KÖRNIGE TEXTUR UND GLÄNZT NICHT MEHR. SIE KÖNNEN IHN STABILISIEREN, INDEM SIE DEN ZUCKER ZU BEGINN DES RÜHRENS NUR NACH UND NACH ZUGEBEN; WENN SIE FEINSTZUCKER NEHMEN, KÖNNEN SIE DEN REST OHNE WEITERES AUF EINMAL ZUFÜGEN. FEINSTZUCKER LÖST SICH SCHNELL AUF UND LÄSST SICH LEICHT EINARBEITEN.

# Mont Blanc

Maronen sind die unbesungenen Helden der Wintertafel. Dies ist ein klassischer Nachtisch – von Italienern und Franzosen geschätzt und nach ihrem Lieblingsberg benannt.

Für 6 Personen
Vorbereitungszeit: 10 Minuten
Garzeit: 2½ Stunden
WF GF V

*Für die Baisers:*
3 **Eiweiß** von **Bio-Eiern**
¼ TL **Salz**
2 Tropfen **Vanillearoma**
200 g **Feinstzucker**

*Für die Füllung:*
435 g **gesüßtes Maronenpüree** aus der Dose
300 g **Crème double**, leicht steif geschlagen

1. Heizen Sie den Backofen auf 120 °C/Gas Stufe ½ vor. Legen Sie zwei Backbleche mit Backpapier aus.
2. Schlagen Sie Eiweiß, Salz und Vanille steif, bis sich weiche Spitzen bilden.
3. Geben Sie die Hälfte des Zuckers zu dem Eischnee. Schlagen Sie weiter, bis der Eischnee sehr steif ist, dann geben Sie den restlichen Zucker zu. Schlagen Sie weiter, bis die Masse glatt ist und glänzt.
4. Geben Sie 6 große Baiserkreise mit einem Abstand von 4 cm auf die Backbleche. Backen Sie sie ca. 2½ Stunden im Ofen. Lassen Sie die Baisers auf dem Backblech auskühlen, bevor Sie sie vom Papier nehmen.
5. Verteilen Sie vor dem Servieren das Maronenpüree auf die Baisers und bedecken Sie sie mit leicht geschlagener Crème double.

TIPP

- Gesüßtes Maronenpüree ist in Feinkostläden erhältlich. Es wird aus kandierten Maronen hergestellt. Falls Sie es nicht finden, gibt es folgende Alternativen:

  • Nehmen Sie ungesüßtes Maronenpüree, fügen Sie nach Geschmack Puderzucker und Vanillearoma zu und mischen Sie alles in einem Mixer. Geben Sie Sahne oder Ricotta zu, wenn Sie es weicher mögen.

  • Kaufen Sie kandierte Maronen (Marrons glacés) und pürieren Sie sie mit etwas Vanillearoma, aber ohne Zucker.

  • Kaufen Sie frische Maronen, schneiden Sie sie ein und kochen Sie sie ca. 10 Minuten in Wasser. Entfernen Sie die Schale samt Häutchen und pürieren Sie die Maronen in einem Mixer. Geben Sie so viel Crème double zu, dass eine Paste entsteht. Fügen Sie Puderzucker und Vanillearoma nach Geschmack zu.

# Eisbombe Alaska

Es macht Spaß, sie zuzubereiten. Die Zubereitung ist leichter, als Sie denken, und Ihre Gäste werden begeistert sein.

Man sagt, dass Thomas Jefferson eine Version dieses Gerichts erfunden habe, doch viele schreiben das Verdienst Benjamin Thompson, einem amerikanischen Physiker aus dem 18. Jahrhundert zu. Der Nachtisch wurde erst durch wissenschaftliche Überlegungen möglich: Die Eiscreme wird durch die Luft, die in dem Biskuit und dem Baiser steckt, isoliert. Jedes Mal, wenn ich mich daran versuche, denke ich, es klappt nicht.

CLAIRE

Für 8 Personen
Vorbereitungszeit: 15 Minuten + 3 Stunden Gefrierzeit
Garzeit: 5 Minuten
V

500 g **Vanille-** oder **Erdbeereis** (nach Belieben Fertigprodukt oder siehe Seite 157–159)
1 runder **Biskuitboden** (20 cm Ø), (Fertigprodukt oder mit ¼ der Zutaten von Bens Victoria-Biskuit zubereitet, siehe Seite 86)
4 **Eiweiß** von **Bio-Eiern**, zimmerwarm
¼ TL **Weinstein**
200 g **Feinstzucker**

1. Legen Sie eine Schüssel (20 cm Ø) mit Frischhaltefolie aus.
2. Nehmen Sie die Eiscreme Ihrer Wahl (die Eiscreme sollte etwas weich sein). Drücken Sie die Eiscreme fest in die Schüssel und bedecken Sie sie mit Frischhaltefolie. Stellen Sie die Schüssel mind. 3 Stunden ins Gefrierfach.
3. Heizen Sie den Backofen auf 220 °C/Gas Stufe 7 vor. Legen Sie den Biskuitboden auf ein mit Backpapier ausgelegtes Backblech und stellen Sie ihn beiseite.
4. Schlagen Sie das Eiweiß in einer großen sauberen Schüssel mit einem elektrischen Handrührgerät steif, bis sich weiche Spitzen bilden. Geben Sie erst den Weinstein, dann nach und nach den Zucker zu. Schlagen Sie den Eischnee weiter, bis er steif ist und glänzt.
5. Nehmen Sie die Eiscreme aus dem Gefrierfach und entfernen Sie die obere Frischhaltefolie. Tauchen Sie den Boden der Schüssel 1 Sekunde in heißes Wasser. Stürzen Sie die Eiscreme über den Biskuit und lösen Sie sie mithilfe der Folie aus der Schüssel. Entfernen Sie die Folie und bedecken Sie das Eis sofort mit der Baisermasse. Ziehen Sie mit einem Messer kleine Spitzen in das Baiser.
6. Backen Sie das Dessert 5 Minuten im Ofen, bis die Spitzen goldgelb sind.
7. Servieren Sie das Dessert sofort!

TIPP

- Manche behaupten, dass ein mit heißem Sirup zubereitetes Schweizer Baiser (siehe Schritt 2–4 auf Seite 157) steifer ist als der Alaska-Eischnee und beim Auftragen nicht von der Eiscreme herunterrutscht. Wir denken, der wahre Trick besteht darin, die Baisermasse sehr steif zu schlagen und sehr kalte Eiscreme zu verwenden. Ein Schweizer Baiser zuzubereiten, ist viel komplizierter.

# Pawlowa

Es gibt Hunderte Arten, wie man eine Pawlowa zubereiten kann, aber dieses Rezept ist unser Favorit: einfach und mit aromatischer, saftiger Passionsfrucht beträufelt. Wir servieren einzelne kleine Baisers, sodass jeder Gast eine eigene Pawlowa hat.

Für 6 Personen
Vorbereitungszeit: 20 Minuten
Garzeit: 2 Stunden
WF GF V

3 **Eiweiß** von **Bio-Eiern**
¼ TL **Salz**
½ TL **Weißweinessig**
1–2 Tropfen **Vanillearoma**
200 g **Feinstzucker**, plus zusätzlich 2 EL zum Servieren
1½ TL **Maisstärke**
3 EL **Himbeerkonfitüre** zum Servieren
200 g **Crème double**, leicht geschlagen, zum Servieren
600 g **Erdbeeren** zum Servieren
3 **Passionsfrüchte** zum Servieren

1. Heizen Sie den Backofen auf 120 °C/Gas Stufe ½ vor. Legen Sie ein Backblech mit Backpapier aus.
2. Schlagen Sie Eiweiß, Salz, Essig und Vanille steif, bis sich weiche Spitzen bilden.
3. Mischen Sie 200 g Zucker und Maisstärke und geben Sie die Hälfte davon zu dem Eischnee. Schlagen Sie alles sehr steif und geben Sie dann den restlichen Zucker zu. Schlagen Sie alles, bis es glatt ist und glänzt.
4. Geben Sie 6 Portionen Baisermasse mit einem Abstand von 4 cm auf das Backblech.
5. Backen Sie die Baisers ca. 2 Stunden im Ofen. Nehmen Sie sie aus dem Ofen, wenn sie trocken und fest sind. Sie sollten sich leicht vom Papier lösen lassen. Wenn sie am Papier festkleben, sind sie noch nicht fertig. Lassen Sie sie völlig auskühlen.
6. Geben Sie einen Löffel Himbeerkonfitüre auf jedes Baiser und dann etwas Sahne.
7. Vierteln Sie die Erdbeeren, wenden Sie sie in 2 Esslöffeln Feinstzucker und lassen Sie sie ein paar Minuten ziehen. Halbieren Sie die Passionsfrüchte.
8. Rühren Sie die Erdbeeren um und verteilen Sie sie auf die Pawlowas. Löffeln Sie je ½ Passionsfrucht über jede Pawlowa und servieren Sie das Dessert.

Australier und Neuseeländer streiten sich noch immer darüber, wer die Pawlowa erfunden hat, die nach der russischen Ballerina Anna Pawlowa benannt wurde, nachdem sie 1926 eine Tournee durch die Länder gemacht hatte (das Baiser soll wie ein Tutu aussehen). Es ist ein überflüssiger Streit, da Desserts aus Obst, Sahne und Baiser schon länger bekannt sind – aber irgendwie ist gerade dieser Name hängen geblieben.

TIPPS

- Sie können die Erdbeeren bis zu 2 Stunden im Voraus zubereiten und sie im Kühlschrank aufbewahren.
- Die Baisers können bis zu 5 Tage im Voraus gemacht und in einem luftdichten Behälter aufbewahrt werden.

# Schokolade

Schokolade ist der Casanova der kulinarischen Welt. Nichts anderes erzeugt solche Gelüste. Vor allem Frauen können ihr nicht widerstehen. Es gibt viele wissenschaftliche Theorien darüber, warum das so ist. Schokolade enthält Hunderte von stimmungsverändernden Chemikalien, einschließlich Theobromin – eine wie Koffein leicht süchtig machende, anregende Substanz.

Doch auch ohne diese Substanzen wäre Schokolade immer noch das sinnlichste Nahrungsmittel der Welt. Hart und zugleich zart schmelzend, bitter und süß, wie der Kuss eines Romanhelden. Die folgenden Desserts wurden kreiert, um einfach alles aus den Verführungskünsten der Schokolade herauszuholen – einige Nachtische sind so unwiderstehlich, dass Ihre Gäste noch Jahre später davon schwärmen werden. Sie wollten sie doch wohl nicht nur für sich selbst machen, oder?

# Leons Mousse au Chocolat

Dieses Rezept stammt aus dem ersten Kochbuch, eine wundervolle Kreation von Leon-Mitbegründerin Allegra McEvedy. Wir haben es hier aufgenommen, weil es in unseren Restaurants ein Favorit ist und weil wir wissen, dass viele Leute es gern selbst machen möchten.

Für 4 Personen
Vorbereitungszeit: 25 Minuten
Garzeit: keine
✓ WF GF V

REZEPT GETESTET VON ROSIE & SAL

100 g **Schokolade** (70 % Kakaoanteil)
30 g **Butter**
2 **Eigelb** von **Bio-Eiern**
1 Schuss **starker Espresso**
einige Tropfen **Orangenaroma** oder sehr fein abgeriebene Schale von ½ **Orange** (nach Belieben)
3 **Eiweiß** von **Bio-Eiern**
15 g **Fruktose**

1. Zerlassen Sie Schokolade und Butter über einem Topf mit köchelndem Wasser. Achten Sie darauf, dass kein Wasser in die Schüssel gelangt.
2. Schlagen Sie das Eigelb, bis es hell und cremig ist. Heben Sie es unter die Butter-Schokoladen-Mischung und rühren Sie dann den Kaffee sowie nach Belieben das Orangenaroma unter.
3. Schlagen Sie das Eiweiß steif, bis sich weiche Spitzen bilden. Geben Sie die Fruktose zu und schlagen Sie den Eischnee 1 weitere Minute, bis er glänzt.
4. Heben Sie ein Drittel des Eischnees unter die Schokoladenmischung, bis sie glatt ist, dann heben Sie vorsichtig das nächste Drittel unter und ziehen das letzte Drittel noch behutsamer unter.
5. Rühren Sie nicht zu stark, es sollten aber auch keine weißen Streifen mehr zu sehen sein. Verteilen Sie die Mousse in schöne Gefäße und stellen Sie sie 1 Stunde kalt.

TIPPS

- Sie können Cointreau oder Grand Marnier anstelle des Orangenaromas oder der abgeriebenen Orangenschale nehmen. Oder lassen Sie das Orangenaroma ganz weg.
- Anstelle der Fruktose können Sie 20 g Feinstzucker verwenden (Sie benötigen davon etwas mehr, weil Fruktose süßer ist).

SUMMER
OF LEON
LEON
LDN

# Zart schmelzender Schokoladenkuchen

Einer dieser Nachtische, aus denen die Schokolade quillt. Er ist aber bei Weitem nicht so schwierig, wie Ihre in Ehrfurcht erstarrten Gäste glauben werden.

Für 6–8 Personen
Vorbereitungszeit: 10 Minuten
Garzeit: 7 Minuten
WF GF V

Rezept getestet von: Lillie

85 g **Butter**
150 g **Zartbitterschokolade**
1 Prise **Salz**
5 EL **Kakaopulver**
100 g **Eiweiß** von **Bio-Eiern** (ca. 2)
1 EL **Feinstzucker**, plus zusätzlicher Feinstzucker zum Bestreuen

1. Heizen Sie den Backofen auf 200 °C/Gas Stufe 6 vor.
2. Fetten Sie einzelne Mini-Auflaufförmchen mit Butter ein und streuen Sie jedes mit etwas Zucker aus.
3. Zerlassen Sie Butter, Schokolade und Salz in einer großen Schüssel über einem Topf mit köchelndem Wasser. Wenn alles geschmolzen ist, sieben Sie das Kakaopulver hinein.
4. Schlagen Sie das Eiweiß mit dem Zucker in einer weiteren Schüssel steif, bis sich weiche Spitzen bilden. Heben Sie den Eischnee vorsichtig unter die Schokoladenmischung, ohne dass dabei zu viel Luft entweicht.
5. Füllen Sie den Kuchenteig in die Förmchen und backen Sie die Küchlein genau 7 Minuten im Ofen.

TIPPS

- Was immer Sie tun – backen Sie diese Küchlein nicht zu lange. Sie backen noch weiter vor sich hin, wenn sie abkühlen, deshalb nehmen Sie sie etwas eher aus dem Ofen, also kurz bevor Sie denken, dass sie fertig sind.
- Servieren Sie die Küchlein mit Schlagsahne und einem Schuss Cognac.
- Sie können dazu auch eine Crème Chantilly reichen: Schlagen Sie dazu Schlagsahne mit 1 Päckchen Vanillezucker steif.

# Belebender Schokokuchen

Dieser saftige mehlfreie Schokoladenkuchen ist SO reichhaltig und dennoch superleicht wie eine Mousse. Wenn Sie ihn einmal gebacken haben, werden Sie ihn immer wieder machen, nicht zuletzt deshalb, weil Ihre Freunde und Ihre Familie Ihnen keine andere Wahl lassen. Wir haben Sie gewarnt.

Für 10–12 Personen
Vorbereitungszeit: 20 Minuten
Garzeit: 40 Minuten
WF GF V

5 **Bio-Eier**
200 g **Rohrzucker**
100 ml **Instant-Espresso**
350 g **Zartbitterschokolade**, in Stücken
250 g **Butter**, in kleinen Stücken
2 Tropfen **Vanillearoma**
1 Prise **Meersalz**

1. Heizen Sie den Backofen auf 160 °C/Gas Stufe 3 vor. Fetten Sie eine Kuchenform (23 cm Ø) mit Butter ein und legen Sie Boden und Rand mit Backpapier aus.
2. Rühren Sie Eier und 100 g Zucker schaumig.
3. Lösen Sie den restlichen Zucker in einem Topf mit dem Kaffee bei mittlerer Hitze auf. Rühren Sie Schokolade und Butter ein und nehmen Sie den Topf vom Herd.
4. Geben Sie Vanille und Salz in den Topf und rühren Sie gelegentlich um, bis alles völlig geschmolzen ist.
5. Gießen Sie die Schokoladenmischung in einem ununterbrochenen Strahl in die Eimasse und rühren Sie nur so lange um, bis sich alles gerade eben verbindet.
6. Gießen Sie den Teig in die Kuchenform, stellen Sie diese in einen tiefen Bräter und gießen Sie so viel heißes Wasser in den Bräter, dass es fast bis an den oberen Rand der Kuchenform reicht.
7. Backen Sie den Schokokuchen 35–40 Minuten im Ofen. Er sollte fest sein, aber nicht zu starr. Lassen Sie ihn zum Abkühlen in der Form.

TIPP

- Dieser Kuchen schmeckt mit einem kleinen Löffel Crème fraîche sogar noch leckerer.

Legen Sie eine Kuchenform mit Backpapier aus.

Schlagen Sie die Eier, bis sie cremig sind.

Butter, Zucker, Kaffee und Schokolade

Heben Sie die Mischung behutsam unter.

Rühren Sie nicht zu stark.

Gießen Sie das Wasser in den Bräter.

# GRANITAS, SORBETS & EISCREME

Viele glauben, dass man zur Herstellung von Eis eine Eismaschine benötigt. Aber man muss nicht in teure Hardware investieren, um gefrorene Desserts zu machen.

In diesem Kapitel stellen wir vier Methoden vor, wie man Eiscreme und gefrorene Desserts zubereiten kann. Für zwei brauchen Sie überhaupt keine Geräte, während bei den anderen beiden eine Eismaschine nützlich sein kann; aber es geht auch ohne.

Für jede Methode stellen wir auch ein, zwei Rezepte sowie Vorschläge für Varianten vor, sodass Sie fröhlich experimentieren können, sobald Sie die Grundlagen beherrschen.

## GRANITA

Die einfachste gefrorene Nachspeise. Ein aromatisierter (sahnefreier) Sirup wird einfach während des Gefriervorgangs mit einem Schneebesen durchgerührt, sodass hübsche Eisplättchen entstehen. Das Ergebnis ist ein leichtes und erfrischendes Dessert. Wenn Sie ein mehrgängiges Menü planen, ist eine alkoholhaltige Zitronen-Granita genau das Richtige, um den Gaumen zwischen Vorspeise und Hauptgang zu reinigen.

## SORBET

Ähnlich wie Granita, aber stärker gerührt – entweder in einer Maschine oder von Hand –, sodass es eine sehr leichte, schneeartige Beschaffenheit hat. Gewöhnlich wird dem Sorbet Protein in Form von Gelatine, Eiweiß oder Alkohol zugefügt, um ihm mehr Substanz zu verleihen.

## EISCREME

**ITALIENISCHE BAISER-METHODE**

Henrys Mutter, die Kochbuchautorin Josceline Dimbleby, war nie ein Fan von überflüssigen Küchengeräten. Sie entwickelte daher bei der Eisproduktion große Kreativität. Vermutlich hat sie sämtliche Methoden ausprobiert (ihr erstes Buch „A Taste of Dreams" von 1976 enthielt ein Eis, das mit Sahnepulver hergestellt wurde). Ihr absoluter Favorit ist die italienische Baiser-Methode. Dabei wird Baisermasse unter Schlagsahne und Früchte gehoben. Dann wird die Eiscreme ins Gefrierfach gestellt, ohne dass sie durchgerührt wird: Die Luftbläschen in der Baisermasse verhindern, dass sich größere Eiskristalle bilden. Das Eis ist wunderbar geschmeidig und sahnig. Statt Baiser kann man auch Eigelb mit Zucker cremig schlagen. Das ist reichhaltiger, aber genauso gut.

## EISCREME

**TRADITIONELLE EIERCREME-METHODE**

Bei der klassischen Methode wird mit Eigelb eine Eiercreme-Basis hergestellt. Die so zubereitete Eiscreme ist fest und üppig. Sie kann nicht einfach in das Gefrierfach gestellt werden, da sich lange Eiskristalle bilden. Hier ist eine Eismaschine hilfreich. Ansonsten müssen Sie die Masse in einem flachen, weiten Behälter einfrieren und alle 30 Minuten mit einem Schneebesen umrühren, sodass die Eiskristalle aufbrechen und eine leichte Eiscreme entsteht.

# Champagner-Granita

Ein herrlich leichtes Dessert. Oder Sie servieren die Granita als Neutralisierer zwischen Vorspeise und Hauptgang (siehe Abbildung auf Seite 151 oben).

Für 4–6 Personen
Vorbereitungszeit: 10 Minuten
Gefrierzeit: 3–4 Stunden
❤ WF GF MF V

100 g **Feinstzucker**
200 ml **Wasser**
325 ml **Champagner** (½ Flasche)
Saft von 1 **Zitrone**

Wir wollten ursprünglich eine Absinth-Granita zubereiten. Leider war das Zeug so alkoholreich, dass es nicht gefror und ein tödlicher, eiskalter Absinthsirup übrig blieb. Es ist wirklich besser, bei Champagner zu bleiben.

CLAIRE

1. Lösen Sie den Zucker in einem kleinen Topf mit dem Wasser bei geringer Hitze auf. Rühren Sie dann den Champagner ein und geben Sie nach Belieben Zitronensaft zu.
2. Gefrieren Sie die Mischung in einem flachen, breiten Behälter ein. Rühren Sie die Masse alle 30 Minuten mit einem Schneebesen durch, damit die Eiskristalle aufgebrochen werden.

TIPPS

- Sie können mit vielen Zutaten experimentieren. Herber Roséwein und Obst passen gut zusammen, ebenso Kaffee und Wodka.
- Verschiedene Alkoholsorten harmonieren gut mit unterschiedlichen Früchten. Alkohol kann den Geschmack einer Frucht betonen, ihn verstärken und komplexer machen. Probieren Sie Grand Marnier mit Orange oder Kirschwasser mit Kirschen oder Ananas. Mittlerweile sind in Feinkostläden auch zahlreiche alkoholhaltige Getränke mit unterschiedlichen Früchten erhältlich. Sie können auch Birnen-, Quitten- und andere Schnapssorten verwenden.

# Quitten-Granita

Eine stärker duftende, vollmundige Granita und ein wunderbarer Abschluss für ein Herbst-Dinner (siehe Abbildung auf Seite 151 unten links).

Für 6 Personen
Vorbereitungszeit: 25 Minuten
Garzeit: 2 Stunden
Gefrierzeit: 5 Stunden
❤ WF GF MF V

1½ **Quitten**
300 g **Feinstzucker**
700 ml **Wasser**
1 **Vanillestange**, längs halbiert
Saft von ½ **Zitrone**

1. Schälen und vierteln Sie die Quitten. Geben Sie Zucker, Wasser und Vanillestange in einen Topf und lösen Sie den Zucker unter Rühren auf. Bringen Sie alles zum Kochen.

2. Geben Sie Quitten und Zitronensaft zu. Lassen Sie alles 1–2 Stunden köcheln, bis die Quitten weich und rosafarben sind.
3. Entkernen Sie die Quitten. Entfernen Sie die Vanillestange.
4. Pürieren Sie die Quitten zusammen mit dem Sirup und geben Sie etwas Wasser zu, damit die Granita nicht zu dick ist.
5. Gefrieren Sie die Mischung in einem flachen, breiten Behälter ein. Rühren Sie die Masse alle 30 Minuten mit einem Schneebesen durch, damit die Eiskristalle aufgebrochen werden.

TIPPS

- Quittenpüree ist dick und schaumig und eignet sich sehr gut zum Einfrieren. Kochen Sie die Früchte lang genug, damit sie weich sind.
- Sie können auch 1–2 Teelöffel Honig in das Püree geben. Honig und Quitten harmonieren sehr gut miteinander.

# Klementinen-Granita

Eine leichte, fruchtige Granita als Erfrischung im Winter (siehe Abbildung auf Seite 151 unten rechts).

Für 4–6 Personen
Vorbereitungszeit: 5 Minuten
Garzeit: 10 Minuten
Gefrierzeit: 3–4 Stunden
❤ WF GF MF V

Rezept getestet von Holly

100 ml **Wasser**
50 g **Feinstzucker**
300 ml **Klementinensaft**, durchgeseiht

1. Lassen Sie Wasser und Zucker bei niedriger Hitze köcheln, bis ein Sirup entsteht. Lassen Sie ihn auskühlen.
2. Rühren Sie den Klementinensaft ein.
3. Gefrieren Sie die Mischung in einem flachen, breiten Behälter. Rühren Sie die Masse alle 30 Minuten mit einem Schneebesen durch, damit die Eiskristalle aufgebrochen werden.

TIPPS

- Servieren Sie die Granita mit Grapefruit- oder Orangenspalten in schönen Glasschalen.
- Dazu schmeckt auch ein knuspriger, buttriger Keks.

# Apfel-Sorbet

Eigentlich wäre Apfelschnee die bessere Bezeichnung. Es ist leicht, schaumig und weiß wie Schneegestöber. Eiweiß und Gelatine verleihen dem Sorbet seine wunderbare Textur.

Für 4–6 Personen
Vorbereitungszeit: 25 Minuten
Gefrierzeit: bis zu 5 Stunden
❤ WF GF MF V

500 ml **naturtrüber Apfelsaft**
50 g **Feinstzucker**
1 TL **Gelatinepulver**
1 **Eiweiß** vom **Bio-Ei**
1 Schuss **Apfelweinbrand** (nach Belieben)

1. Erhitzen Sie behutsam 250 ml Apfelsaft mit dem Zucker in einem kleinen Topf.
2. Lassen Sie in einem anderen Topf die Gelatine im restlichen Apfelsaft quellen. Erhitzen Sie sie dann behutsam, um sie aufzulösen. Vermengen Sie beide Flüssigkeiten und lassen Sie sie auskühlen. Gefrieren Sie sie im Gefrierfach.
3. Schlagen Sie das Eiweiß steif, bis sich weiche Spitzen bilden. Heben Sie es unter die gekühlte Sorbet-Basis. Fügen Sie nach Belieben den Apfelweinbrand zu und geben Sie alles in eine Eismaschine. Folgen Sie den Angaben des Herstellers.

TIPPS

- Nehmen Sie einen sehr guten Apfelsaft oder noch besser frisch gepressten Apfelsaft.
- Alternativ können Sie auch den Saft von Birnen, Pfirsichen, Wassermelone oder Trauben verwenden. Falls die Früchte sehr süß sind, geben Sie einen Spritzer Zitronensaft zu.

# Pflaumen-Parfait (oder Jossys Zwetschgeneis)

Diese leicht herzustellende Eiscreme ist schaumig und sahnig zugleich, und man benötigt keine Eismaschine.

Für 6–8 Personen
Vorbereitungszeit: 10 Minuten
Garzeit: 20 Minuten
Gefrierzeit: mind. 5 Stunden
WF GF V

400–450 g **Pflaumen** oder **Zwetschgen** (nicht zu reif)
Saft von 1 **Zitrone**
175 g **Feinstzucker**
2 **Eiweiß** von **großen Bio-Eiern**
1 Prise **Salz**
200 g **Rohrohrzucker**
6 EL durchgeseihter **Zitronensaft**
300 g **Schlagsahne**
2–3 EL **Pflaumen-** oder anderer **Fruchtlikör** (nach Belieben)

1. Halbieren Sie die Pflaumen, entsteinen Sie sie und geben Sie sie mit Zitronensaft und Feinstzucker in einen großen Topf. Decken Sie den Topf ab und lassen Sie alles bei sehr geringer Hitze unter Rühren garen, bis sich der Zucker aufgelöst hat. Lassen Sie die Pflaumen weiterköcheln, bis sie sehr weich sind. Pürieren Sie sie in einem Mixer grob und lassen Sie das Püree abkühlen.
2. Schlagen Sie das Eiweiß mit etwas Salz in einer großen Schüssel steif, bis sich weiche Spitzen bilden.
3. Erhitzen Sie Rohrohrzucker und Zitronensaft bei geringer Hitze in einem Topf, bis der Zucker sich aufgelöst hat. Erhöhen Sie die Hitze und lassen Sie den Sirup 3 Minuten, ohne umzurühren, kräftig kochen.
4. Gießen Sie den Sirup sofort in einem dünnen Strahl in den Eischnee und rühren Sie dabei, bis die Mischung eingedickt ist und einer Baisermasse gleicht.
5. Schlagen Sie die Sahne, bis sie dick, aber nicht steif ist. Heben Sie mit einem Metalllöffel behutsam erst die Sahne und dann das Pflaumenpüree unter die Eiweißmischung. Falls Sie Fruchtlikör verwenden, rühren Sie ihn jetzt ein.
6. Geben Sie die Mischung in eine Servierschüssel – Glas sieht hübsch aus, es sollte aber gefriertauglich sein – und gefrieren Sie das Parfait mind. 5 Stunden.

Dieses Dessert hat meine Mutter jeden Sommer in Dittisham, Devon, für uns zubereitet. Die Pflaumensorte Dittisham Ploughman wächst nur in diesem Ort und wurde vermutlich von deutschen Mönchen hierher gebracht. Sie sind wegen ihres Säuregehalts wie geschaffen für diesen Nachtisch. Wenn Ihre süßer sind, geben Sie mehr Zitronensaft hinzu.

HENRY

TIPPS

- Geben Sie einen Löffel Crème double vor dem Servieren auf das Parfait.
- Sie können dieses Parfait auch mit pürierten Beeren oder Mango zubereiten.

# Grundrezept Eiscreme

Dieses Rezept ist die Basis für fast alle Eiscremes. Sie können mit der Zugabe von Fruchtpürees, getrockneten Früchten, Alkohol, kandierten Nüssen und sogar karamellisierten Semmelbröseln experimentieren. Das Rezept enthält sowohl Crème double als auch Vollmilch, sodass die Eiscreme etwas leichter als üblich und somit ein besserer Träger für andere Aromen ist.

Ergibt 900 ml
Vorbereitungszeit: 30 Minuten
Gefrierzeit: bis zu 5 Stunden
WF GF V

5 **Eigelb** von **Bio-Eiern**
300 g **Crème double**
300 ml **Vollmilch**
180 g **Feinstzucker**

1. Verquirlen Sie die Eier kurz mit einem Schneebesen in einer großen Schüssel.
2. Geben Sie die Crème double in einen Gefrierbehälter, der groß genug ist, um alle Zutaten aufzunehmen und der in Ihr Gefrierfach passt (falls Sie das Eis von Hand zubereiten).
3. Geben Sie Milch und Zucker in einen kleinen Topf. Bringen Sie die Mischung unter Rühren bis zum Siedepunkt, ohne dass sie kocht.
4. Gießen Sie die heiße Milch unter Rühren langsam in die verquirlten Eier.
5. Geben Sie die Milch-Eier-Mischung zurück in den Topf und kochen Sie sie unter ständigem Rühren mit einem Holzlöffel etwas ein. Sie ist fertig, wenn sie am Rücken des Löffels haften bleibt. Dies sollte ziemlich schnell der Fall sein.

6. Gießen Sie die Eiercreme sofort durch ein feines Sieb zu der Crème double. Durch das Passieren werden alle nicht aufgelösten Eirückstände entfernt.

7. Rühren Sie die Eiscreme kräftig durch und schmecken Sie sie ab. Geben Sie nach Belieben 1 Prise Salz , 1 Teelöffel Vanillearoma oder Brandy zu.

8. Lassen Sie die Eiscreme auskühlen (idealerweise bereiten Sie die Eiscreme-Basis schon am Tag, bevor Sie sie einfrieren, zu). Gießen Sie sie in eine Eismaschine und verfahren Sie nach den Anweisungen des Herstellers.

TIPPS

- Beachten Sie beim Abschmecken, dass Eiscreme bei Zimmertemperatur süßer als im gefrorenen Zustand schmeckt.
- Bewahren Sie das übrig gebliebene Eiweiß auf, da es sich bis zu 5 Tage im Kühlschrank hält. Sie können es für die Violet-Kokosmakronen nehmen (siehe Seite 101) oder für jedes andere Baiser-Rezept (siehe Seite 136–141).
- Diese Eiscreme kann sehr einfach mit Vanille- oder Zimtstangen aromatisiert werden. Sie können auch andere Gewürze zufügen. Geben Sie sie in Schritt 3 in die Milch (gegenüberliegende Seite), dann seihen Sie sie durch. Hier sind ein paar Richtlinien:
- Für Kaffee-Eis: 50 g frisch geröstete ganze Kaffeebohnen.
- Für Vanilleeis: 1 Vanillestange, aufgeschnitten und das Mark herausgekratzt.
- Für Zimteis: 1 kurzes Stück milder Ceylon-Zimt.
- Für Kardamomeis: 3 Kardamomkapseln.

# Himbeer-Wellen-Eiscreme

Sie können den Wodka weglassen, wenn Sie das Eis für Kinder machen. Wodka intensiviert den Geschmack der Himbeeren (und hebt Ihre Laune).

Ergibt 1,1 Liter
Vorbereitungszeit: 30 Minuten
Gefrierzeit: bis zu 5 Stunden
WF GF V

1 Portion **Vanilleeis** (siehe oben)
200 g **Himbeeren**
4 EL **Puderzucker**
2 EL **Wodka**
4 Tropfen **Vanillearoma**

1. Bereiten Sie das Vanilleeis zu.

2. Pürieren Sie Himbeeren, Puderzucker, Wodka und Vanillearoma in einem Mixer. Passieren Sie das Püree durch ein Sieb, um die kleinen Kerne zu entfernen.

3. Rühren Sie das Himbeerpüree in dicken Streifen in das Vanilleeis, bevor dieses vollständig gefroren (aber schon ziemlich fest) ist. Lassen Sie das Eis dann weiter im Gefrierfach (siehe Seite 150) oder in Ihrer Eismaschine gefrieren.

# Henrys Eisbombe mit gesalzenem Schokoladenkaramell

Vergessen Sie die Kalorien – es ist wissenschaftlich erwiesen, dass alles, was Sie nach Einbruch der Dunkelheit verzehren, nicht dick macht.

Für 8 Personen
Vorbereitungszeit: 45 Minuten
Gefrierzeit: 45 Minuten (erstes Durchrühren) + 5 Stunden
WF GF V

*Für die Eiscreme:*
400 g **Crème double**
150 ml **Milch**
100 g **Schokolade** (70 % Kakaoanteil)
5 **Eigelb** von **Bio-Eiern**
130 g **Feinstzucker**
30 g **Kakaopulver**

*Für den Karamell:*
150 g **Feinstzucker**
400 g **Crème double**
Saft von ½ **Zitrone**

*Für den Krokant:*
200 g **Zucker**
80 g **Haselnüsse**

Als wir noch Kinder waren, machte meine Mutter immer Eisbomben. An eine erinnere ich mich ganz besonders: Sie hatte eine Zitroneneishülle und geriebene Zartbitterschokolade als Füllung. Diese Eisbombe habe ich eines Sonntags für die Dinnerparty eines Freundes entwickelt. Die erste Zubereitung dauerte einen ganzen Tag, die Eiscreme selbst war in 5 Minuten verputzt. Man könnte sagen, dass sie wie eine Bombe einschlug.
HENRY

1. Kochen Sie für die Eiscreme die Sahne mit der Milch auf. Rühren Sie die Schokolade ein.
2. Verrühren Sie Eigelb, Zucker und Kakaopulver. Heben Sie etwas von der heißen Sahnemischung unter. Geben Sie dann alles in einen Topf. Erhitzen Sie die Mischung unter Rühren behutsam 10 Minuten und lassen Sie sie dann köcheln. Gießen Sie alles durch ein Sieb und lassen Sie die Mischung auskühlen.
3. Gefrieren Sie die Mischung von Hand (siehe Seite 150) oder in einer Eismaschine. Lassen Sie die Eiscreme im Gefrierfach ruhen, aber nicht zu lange. Sie sollte noch so weich sein, dass sie die restlichen Zutaten zugeben können.
4. Zerlassen Sie für den Karamell den Zucker in einem Topf, bis Sie einen hellbraunen Sirup haben. Geben Sie langsam die Sahne zu. Fügen Sie 1 großzügige Prise Salz zu. Wenn sich der Zucker in der Sahne aufgelöst hat, geben Sie den Zitronensaft zu. Stellen Sie den Karamell nach dem Auskühlen kalt.
5. Lösen Sie für den Krokant den Zucker in einer beschichteten Pfanne auf. Wälzen Sie die Haselnüsse darin und geben Sie alles auf Backpapier. Wenn die Masse ausgekühlt ist, schlagen Sie die Nüsse mit dem Papier in ein Küchentuch ein und halbieren sie durch einen kräftigen Schlag mit einem Teigroller.
6. Legen Sie eine Puddingform mit Frischhaltefolie aus. Drücken Sie drei Viertel des Schokoladeneises in die Form, lassen Sie aber eine Vertiefung für den Kara-

mell frei. Löffeln Sie den Karamell in die Mulde. Versiegeln Sie die Eisbombe mit dem restlichen Eis. Gefrieren Sie die Eiscreme mind. 5 Stunden oder länger.

7. Stürzen Sie sie auf einen Teller und bestreuen Sie sie mit dem Haselnusskrokant.

TIPP

- Sobald Sie geübt sind, können Sie die Eisbombe auch variieren: Zitroneneiscreme mit geraspelter Schokolade, Vanilleeis mit Himbeeren gefüllt, Schokoladeneis mit frischem Pfefferminzeis gefüllt. Viel Spaß.

# GEDÄMPFTE PUDDINGE

Wir wollen uns nichts vormachen: Es gibt nichts Gesundes an einem gedämpften Pudding. Doch er ist ein großer Seelentrost. Das heiße, sehr süße Dessert kann dem bittersten englischen Winter die Härte nehmen. Wenn man ihn – z. B. nach einem langen Marsch durch die zugefrorene Landschaft – verzehrt, mag er vielleicht nicht viel für die Arterien tun, aber er wird ganz gewiss die Seele wärmen.

## Spotted Dick

Ein klassischer englischer Pudding mit einem klassischen englischen Namen.

Für 4–6 Personen
Vorbereitungszeit: 20 Minuten
Garzeit: 2½ Stunden

360 g **Weizenmehl**
1 Prise **Salz**
2 TL **Backpulver**
180 g **vegetarisches Schmalz**
125 g **brauner Zucker**
175 g **Korinthen**
abgeriebene Schale von 1 **Zitrone**
½ TL **Lebkuchengewürz**
150 ml **Vollmilch**
**Butter** zum Einfetten und Servieren
**heller Zuckerrübensirup** zum Servieren

1. Sieben Sie Mehl, Salz und Backpulver in eine Schüssel. Rühren Sie Schmalz, Zucker, Korinthen, Zitronenschale und Lebkuchengewürz unter und geben Sie gerade so viel Milch zu, bis Sie einen weichen Teig haben.
2. Formen Sie den Teig zu einer Rolle und schlagen Sie ihn in eine gefettete, extrastarke Frischhaltefolie ein. Wickeln Sie die Rolle in ein Musselintuch ein und binden Sie alles mit einem starken Faden zusammen.
3. Lassen Sie die Rolle in einem großen Topf mit siedendem Wasser 2 Stunden köcheln.
4. Entfernen Sie Folie und Tuch und schneiden Sie den Pudding in 3 cm dicke Scheiben. Servieren Sie ihn mit etwas Butter und beträufeln Sie ihn mit Sirup.

TIPPS

- Sie können das Weizenmehl durch Dinkelmehl ersetzen.
- Servieren Sie den Pudding mit Schneller Vanillesauce (siehe Seite 34) oder mit Crème double.

Dieser Pudding wurde kürzlich in einer walisischen Kantine in Getüpfelter Richard umbenannt und dann in Sultaninen-Biskuit, nachdem sich die Kantinenmitarbeiter über „unreife Kommentare“ der Gäste beschwert hatten (Spotted Dick heißt umgangssprachlich „gefleckter Pimmel“). Die Umbenennung wurde von einem Stadtratsmitglied als lächerlich bezeichnet, und er startete eine erfolgreiche Kampagne, um die Umbenennung rückgängig zu machen.

HENRY

# Jossys köstlicher Zitronenpudding

Das Rezept für diesen Pudding wurde von Henrys Urgroßmutter Enid an seine Mutter weitergereicht. Sie hatte es aus einer Zeitung ausgeschnitten. Dort hieß es Zitronenpudding. Neben dem Ausschnitt hatte Enid „Köstlich!“ notiert.

Für 6 Personen
Vorbereitungszeit: 20 Minuten
Garzeit: 40 Minuten
V

50 g zimmerwarme **Butter** plus zusätzlich Butter zum Einfetten
225 g **Rohrohrzucker**
fein abgeriebene Schale und Saft von 2 großen **Zitronen**
4 **große Bio-Eier**, Eigelb und Eiweiß getrennt
50 g **Weizenmehl**
½ TL **Backpulver**
225 ml **Vollmilch**
½ TL **Weinstein**
**Puderzucker** zum Bestreuen

1. Heizen Sie den Backofen auf 180 °C/Gas Stufe 4 vor und erwärmen Sie darin einen zur Hälfte mit Wasser gefüllten Bräter. Streichen Sie eine Souffléform (1,5–1,75 Liter) oder eine andere Auflaufform mit Butter aus.
2. Schlagen Sie die Butter, bis sie weich ist. Fügen Sie den Zucker zu und schlagen Sie alles, bis die Mischung schaumig ist. Rühren Sie langsam zunächst den Zitronensaft ein, dann Zitronenschale und Eigelb.
3. Sieben Sie Mehl und Backpulver auf die Mischung und rühren Sie es unter. Fügen Sie langsam die Milch zu, bis Sie einen geschmeidigen Teig haben.
4. Schlagen Sie Eiweiß und Weinstein, bis der Eischnee weiche Spitzen hat. Heben Sie den Eischnee in drei Portionen behutsam unter die Puddingmischung.
5. Füllen Sie den Teig in die Form und stellen Sie diese in den mit Wasser gefüllten Bräter. Backen Sie den Pudding auf mittlerer Schiene ca. 40 Minuten, bis er aufgegangen und goldgelb ist.
6. Servieren Sie ihn heiß oder kalt, nach Belieben mit Puderzucker bestreut.

Jossy in London, 1978

# St.-Clemens-Pudding

Ein altmodischer gedämpfter Pudding mit einer klebrigen Oberfläche, der vom Aroma der Klementinen durchdrungen ist.

Für 4–6 Personen
Vorbereitungszeit: 30 Minuten
Garzeit: 2 Stunden
V

1 **Vanillestange**
1 **Klementine**
140 g **Butter**
125 g **Feinstzucker**
3 **Eier**, leicht verquirlt
200 g **Weizenmehl**
1½ TL **Backpulver**
100–150 ml **Vollmilch**

*Für den Sirup:*
abgeriebene Schale und Saft von 2 **Klementinen**
200 g **Feinstzucker**
150 ml **Wasser**
**Crème double** zum Servieren

1. Heizen Sie den Backofen auf 160 °C/Gas Stufe 3 vor. Fetten Sie eine mittelgroße Puddingform mit Butter ein.
2. Kratzen Sie das Mark aus der Vanillestange. Reiben Sie die Schale der Klementine ab.
3. Schlagen Sie Butter, Zucker, Klementinenschale und Vanillemark schaumig. Geben Sie langsam die Eier zu.
4. Sieben Sie Mehl und Backpulver zusammen und heben Sie die Mischung unter die Buttermasse. Fügen Sie die Milch zu.
5. Erhitzen Sie für den Sirup Klementinensaft und -schalen in einem kleinen Topf mit Zucker, Wasser und Vanillestange, bis der Zucker aufgelöst ist. Lassen Sie alles aufkochen und köcheln, bis der Sirup eingedickt ist.
6. Halbieren Sie die abgeriebene Klementine und legen Sie sie mit den Schnittflächen nach unten in die Puddingform. Gießen Sie drei Viertel des Sirups darüber.
7. Füllen Sie die Biskuitmischung ein und belegen Sie diese mit einem runden Stück Backpapier. Bedecken Sie die Form mit einem zweiten größeren Stück Backpapier (mit einer großzügigen Falte in der Mitte) und binden Sie es mit einem Faden fest.
8. Stellen Sie die Form in einen tiefen Bräter und gießen Sie so viel Wasser ein, dass die Form bis zur Hälfte im Wasser steht. Dämpfen Sie den Pudding ca. 2 Stunden, bis er aufgegangen und bei Fingerdruck fest ist (ggf. Wasser nachfüllen). Stürzen Sie den Pudding auf einen großen Servierteller, der tief genug ist, um den Sirup aufzufangen. Gießen Sie den restlichen Sirup über den Pudding. Servieren Sie den Pudding mit Crème double.

BRIDGE ST.
STRAND
TEMPLE GARDENS

# Sussexer Orangenkuchen

Schmalz, einst ein wichtiger Bestandteil der englischen Speisekammer, ist in den letzten Jahren fast verschwunden. Aber er gehört zu unserem kulinarischen Kanon: Nichts anderes kann einem gedämpften Pudding eine so glänzende, klebrige Kruste verleihen.

Für 6 Personen
Vorbereitungszeit: 35 Minuten
Garzeit: 2½ Stunden

*Für den Teig:*
250 g **Weizenmehl**, plus zusätzlich Mehl zum Bestäuben
125 g kaltes, geraspeltes **Schmalz**
150 ml **Vollmilch**

*Für die Füllung:*
300 g weiche **Butter**
200 g **brauner Zucker**
100 g **heller Zuckerrübensirup**
1 große ungewachste **Orange**, mit einer Gabel mehrfach eingestochen

1. Mischen Sie Mehl und Schmalz in einer großen Schüssel. Stellen Sie die Mischung in das Gefrierfach. Fetten Sie eine Puddingform (1,5 Liter) ein und streuen Sie sie mit Mehl aus.
2. Fügen Sie der Mehlmischung die Milch zu und verkneten Sie alles schnell zu einem Teig. Wickeln Sie ihn in Frischhaltefolie ein und lassen Sie ihn im Kühlschrank ruhen.
3. Schlagen Sie für die Füllung Butter und Zucker schaumig. Geben Sie den Sirup zu.
4. Heizen Sie den Backofen auf 160 °C/Gas Stufe 3 vor. Rollen Sie den Teig auf einer leicht bemehlten Arbeitsfläche zu einem Kreis aus, der groß genug ist, um die Puddingform auszufüllen. Schneiden Sie einen Keil aus dem Teig (ca. ein Viertel), mit dem Sie den Pudding später abdecken.
5. Legen Sie die Form mit dem Teig aus und drücken Sie die Kanten um den Keilausschnitt zusammen. 1–2 cm Teig sollten über den Rand der Form hängen. Füllen Sie die Butter-Zucker-Mischung ein und legen Sie die Orange darauf. Bedecken Sie alles mit dem Teigkeil. Schlagen Sie den überhängenden Teig nach innen, sodass der Deckel versiegelt ist. Bedecken Sie alles mit einem doppelt gefalteten Backpapier und binden Sie dieses mit einem Faden fest.
6. Stellen Sie den Pudding in einen tiefen Bräter und gießen Sie so viel heißes Wasser in den Bräter, dass die Form bis zur Hälfte im Wasser steht. Backen Sie den Pudding 2–2½ Stunden im Ofen, bis er goldgelb ist. Nehmen Sie ihn aus dem Ofen und lassen Sie ihn 5 Minuten ruhen, bevor Sie ihn auf einen großen Servierteller stürzen, der tief genug ist, den Sirup aufzufangen.

TIPP

- Sie können die Orange durch Zitrone ersetzen oder beides nehmen.

# Georges Eiscreme-Sandwich

Eine milch- und zuckerfreie Leckerei für Sie und alle Kinder in Ihrem Leben.

Ergibt 12 Scheiben
Vorbereitungszeit: 10 Minuten + 2 Stunden Einweichzeit
Garzeit: 2 Stunden
❤ ✓ WF GF MF V

REZEPT GETESTET VON CRESSIDA

200 g **Mandeln**
50 g **geschälte Hanfsamen**
150 g **frische Datteln**, gehackt
Mark aus ½ **Vanillestange**
1 Prise **Meersalz**

Ich mag diese schwer zu kauenden Kekse wegen ihrer Textur und ihres leckeren Geschmacks. Süßspeisen, die mit alternativen Zutaten hergestellt werden, stillen Heißhunger besser. Deshalb werden Sie davon weniger essen.

CLAIRE

1. Weichen Sie die Mandeln 2 Stunden in Wasser ein. Gießen Sie das Wasser ab und pürieren Sie die Mandeln im Mixer zu einer Paste.
2. Heizen Sie den Backofen auf 110 °C/Gas Stufe ¼ vor.
3. Geben Sie Hanfsamen, Datteln, Vanillemark und Salz zu den Mandeln und zerkleinern Sie alles im Mixer in Intervallen.
4. Rollen Sie den Teig auf Backpapier 2 mm dick aus. Schneiden Sie mit einem Plätzchenausstecher Kreise von 5 cm Ø aus. Rollen Sie die Teigreste erneut aus, bis Sie 12 Scheiben haben. Lassen Sie die Kreise 2 Stunden im Ofen trocknen.
5. Für die Eiscreme-Sandwiches legen Sie 1 Kugel von Maggies Kokoseis zwischen 2 Scheiben.

# Maggies Kokoseis

Eine reichhaltige, fruchtige, milchfreie Eiscreme.

Für 6–8 Personen
Vorbereitungszeit: 20 Minuten
Gefrierzeit: über Nacht
❤ ✓ WF GF MF V

400 ml **vollfette Kokosmilch**
50 ml **Wasser**
250 g **getrocknete Sauerkirschen**
50 g + 2 TL **Palmzucker**
5 **Kardamomkapseln**
abgeriebene Schale von 2 **Orangen**
1 Prise **Meersalz**

Maggie war als Küchenchefin für Rohkostgerichte zuständig und experimentierte gern mit ganz alltäglichen Zutaten. Die Kombination von Kokosnuss, Kardamom und säuerlichen Beeren passt hier wunderbar zusammen.

CLAIRE

1. Erhitzen Sie bei geringer Hitze Kokosmilch, Wasser, Kirschen, Zucker und Kardamom in einem Topf. Rühren Sie gelegentlich um und zerdrücken Sie die Kirschen, bis die Mischung eine tief karamellbraune Farbe hat. Lassen Sie die Mischung abkühlen. Entfernen Sie die Kardamomkapseln.
2. Geben Sie Orangenschale und Salz zu. Passieren Sie die Mischung durch ein feines Sieb. Lassen Sie sie auskühlen. Geben Sie sie in eine Eismaschine und gefrieren Sie sie nach Herstellerangaben (für Herstellung von Hand siehe Seite 150).

Sport

# KOCHEN MIT KIN

KEKSE
KLEBRIG
PLÄTZCHEN
4
TRAUMKUCHEN
CHAOS
GLASUREN
SCHOKOLADE

# DERN

**Alle Kinder der Nachbarschaft lieben Claire. Sie befürchtet allerdings, dass diese Liebe nur darauf zurückzuführen ist, dass sie Unmengen von Kuchen verteilt. Nun ja, mein dreijähriger Sohn George hat die unglückliche Angewohnheit, sie mit den Worten „Hallo Claire. Kann ich ein bisschen Kuchen haben?" zu begrüßen.**

**Aber in Wahrheit liebt er sie, weil sie großzügig und fröhlich ist – und immer Kuchen hat. Erwachsene sind da nicht viel besser.**

**Dies hier sind einige von Claires Lieblingsrezepten, wenn sie mit Kindern backt.**

HENRY

# Ausstechplätzchen

Sie brauchen die richtige Art Teig, um Ausstechplätzchen zu machen – ein Teig, der während des Backens seine Form behält. Dieses Rezept kann ein Grundrezept in Ihrem Backrepertoire werden, besonders wenn Sie kleine Kinder haben. Sie können die mürben, leichten Plätzchen an Weihnachten oder für Kinderpartys machen.

Ergibt ca. 24 Stück
Vorbereitungszeit: 15 Minuten + 2 Stunden Kühlzeit
Garzeit: 15 Minuten
V

225 g sehr weiche **Butter**
400 g **Feinstzucker**
2 **Bio-Eier**
2 Tropfen **Vanillearoma**
560 g **Weizenmehl**
1 TL **Backpulver**
1 Prise **Salz**
**Eiweißglasur** (siehe Seite 179)

1. Schlagen Sie Butter und Zucker mit einem elektrischen Handrührgerät schaumig.
2. Geben Sie erst die Eier einzeln zu, dann das Vanillearoma.
3. Vermengen Sie Mehl, Backpulver und Salz. Geben Sie die Hälfte davon in die Butter-Zucker-Mischung und verrühren Sie alles bei niedriger Stufe, bis es gerade vermischt ist.
4. Fügen Sie die restliche Mehlmischung zu und rühren Sie weiter, bis alles gut vermischt ist.
5. Halbieren Sie den Teig und wickeln Sie jede Kugel in Frischhaltefolie ein. Sie können eine Hälfte einfrieren, wenn Sie möchten. Stellen Sie den Teig, den Sie verarbeiten, ca. 2 Stunden oder über Nacht kalt, bevor Sie ihn ausrollen.
6. Heizen Sie den Backofen auf 160 °C/Gas Stufe 3 vor. Legen Sie einige Backbleche mit Backpapier aus.
7. Bestreuen Sie eine Arbeitsfläche leicht mit Mehl, dann rollen Sie den Teig etwa 5 mm dick aus. Stechen Sie Formen mit Plätzchenausstechern aus und legen Sie die Kekse auf die Backbleche. Stellen Sie sie 15–20 Minuten kalt. Backen Sie sie 15 Minuten, bis sie goldgelb sind. Legen Sie sie auf ein Kuchengitter und lassen Sie sie auskühlen.

TIPPS

- Geben Sie Aromen in die Kekse. Anita (die dieses Buch gestaltet hat) fügt ½ Teelöffel Lebkuchengewürz in ihre Halloween-Kekse (siehe Seite 253), was ihnen einen herbstlichen Geschmack verleiht. Sie können auch abgeriebene Zitronenschale, Zimt oder jedes Gewürz, das Sie lieben, zugeben. Henry findet gemahlenen Kardamom wegen des duftenden Geschmacks toll.
- Wenn Sie die Kekse mit Kindern machen, sollten Sie ihnen das Verzieren überlassen. Legen Sie dazu die essbaren Dekoartikel, die man auf die Glasur kleben kann, in Schalen – Liebesperlen, Zuckerstreusel, Smarties und Ähnliches.

PÜREES
GLASUREN
Pflaume
Quitte
Rhabarber
Himbeere
Erdbeere
Kurkuma

# Eiweißglasur

Die Eiweißglasur, die gern über einen Fruchtkuchen oder auf Plätzchen getröpfelt wird, ist eine sehr klassische Dekoration. Sie ist unglaublich süß und sieht sehr exquisit aus.

Sie benötigen keine Lebensmittelfarbe (obwohl wir diese durchaus manchmal für angebracht halten). Pürieren Sie stattdessen leuchtend bunte Früchte, um natürliche Farben zu erhalten (siehe Tipp unten) oder versuchen Sie es mit gemahlenem Kurkuma, um eine gelbe Glasur mit einem zarten Anisaroma zu bekommen.

Ergibt ca. 800 g, ausreichend für 1 Kuchen mit 20–25 cm Ø
Vorbereitungszeit: 10 Minuten
Garzeit: keine
❤ WF GF MF V

4 **Eiweiß** von **Bio-Eiern**
660 g **Puderzucker**
125 ml **Wasser** oder **Fruchtpüree**

1. Vermengen Sie alle Zutaten mit einem elektrischen Handrührgerät auf niedrigster Stufe, bis alles gut vermischt ist. Dann stellen Sie das Gerät ca. 7 Minuten auf mittlere Stufe, bis sich dicke Streifen bilden.
2. Sie können die Glasur weicher oder lockerer machen, indem Sie mehr Wasser zufügen.

TIPP

- Pürieren Sie Früchte, die frisch, reif und schön farbig sind, in einem Mixer. Streichen Sie das Püree durch ein Sieb, um Kerne und Schale zu entfernen (außer bei Erdbeeren, die besser mit den kleinen Kernen schmecken).

# S'mores

In den USA sind diese Kekse ein Teil der Jugend. Kinder lernen früh, S'mores zuzubereiten. Die Kekse werden so genannt, weil jeder ein paar mehr davon möchte. Sie symbolisieren Zeltlager, Geistergeschichten und irgendwie auch Unabhängigkeit. Sie können die Marshmallows mehr oder weniger grillen, ganz so, wie Sie es bevorzugen. So können Sie Ihre ganz individuellen S'mores machen.

Genug für 6 Personen
Vorbereitungszeit: 5 Minuten
Garzeit: 2 Minuten
V

REZEPT GETESTET VON MATILDA

2 Tüten **Marshmallows**
2 Pakete **Butterkekse**
6 Riegel Ihrer **Lieblingsschokolade**
**lange Spieße** zum Rösten

1. Machen Sie ein Lagerfeuer und bringen Sie alle Zutaten zum Lagerfeuer.
2. Stellen Sie Ihren eigenen persönlichen Bedarf an Marshmallows, Butterkeksen und Schokoladenriegeln zusammen.
3. Nehmen Sie 1 Butterkeks und belegen Sie ihn mit einem Stück Schokolade. Legen Sie ihn beiseite.
4. Entspannen Sie sich.
5. Schieben Sie 2 oder 3 Marshmallows auf einen Spieß, während Sie den Geistergeschichten lauschen. Halten Sie das Ende Ihres Stocks gerade so weit über das Feuer, dass die Marshmallows fast ankohlen. Wir lieben sie goldgelb, kurz bevor sie verbrennen.
6. Drücken Sie die Marshmallows schnell auf die Schokolade und legen Sie wie bei einem Sandwich einen zweiten Butterkeks darauf.
7. Genießen Sie den Snack.

TIPP

- Manchmal fangen die Marshmallows Feuer. Blasen Sie dann einfach die Flamme aus.

# Schokoladenkuchen

Ein großartiger Kuchen für eine Kinderparty, wenn Sie verhindern möchten, dass die Kinder Ihr Haus verwüsten, nachdem sie durch Zucker und Lebensmittelfarben aufgeputscht sind. Der Kuchen ist vegan, aber das werden sie nicht merken.

Für 8 Personen
Vorbereitungszeit: 30 Minuten
Garzeit: 35 Minuten
Abkühlzeit und Zeit zum Dekorieren: 2 Stunden
❤ ✓ MF V

REZEPT GETESTET VON: HANNAH

*Für den Kuchen:*
150 ml heißes **Wasser**
80 g **Kakaopulver**
200 ml **Agavendicksaft**
200 ml **Kokosmilch**
Saft von ½ **Zitrone**
80 ml **Sonnenblumenöl**
4 Tropfen **Vanillearoma**
180 g **Dinkel-** oder **Weizenmehl**
½ TL **Backpulver**
1½ TL **Natron**
1 Prise **Salz**

*Für die Glasur:*
50 g **Kokosfett**
200 g **Zartbitterschokolade**
2 Tropfen **Vanillearoma**
50 ml **Agavendicksaft**

**Blumen** aus dem Garten zum Dekorieren (nach Belieben)

1. Heizen Sie den Backofen auf 160 °C/Gas Stufe 3 vor. Fetten Sie eine Kuchenform (20–23 cm Ø) mit Butter ein und legen Sie sie mit Backpapier aus.
2. Rühren Sie Wasser und Kakaopulver glatt. Fügen Sie die restlichen feuchten Zutaten zu und vermengen Sie alles.
3. Sieben Sie Mehl, Backpulver, Natron und Salz zusammen. Gießen Sie die feuchte über die trockene Mischung und rühren Sie mit dem Schneebesen von der Mitte nach außen, bis ein Teig entsteht. Gießen Sie den Teig in die Form.
4. Backen Sie den Kuchen ca. 35 Minuten, bis ein Holzstäbchen, das Sie hineinstechen, sauber bleibt. Lassen Sie den Kuchen 10 Minuten abkühlen, bevor Sie ihn auf einem Kuchengitter auskühlen lassen.
5. Zerlassen Sie für die Glasur alle Zutaten in einem Wasserbad. Stellen Sie den Kuchen auf eine Tortenplatte und streichen Sie die Glasur darüber. Wahlweise können Sie den Kuchen mit Blumen schmücken.

TIPP

- Statt Blumen können Sie auch Himbeeren verwenden.

# Maggies zarte Choco-Chips-Cookies

Zart schmelzend, schokoladig, aber ohne Mehl und Zucker.

Ergibt 24 Stück
Vorbereitungszeit: 15 Minuten
Garzeit: 11 Minuten
WF GF V

REZEPT GETESTET VON CLAUDIA & ROSIE

280 g **glutenfreies Mehl**
2 TL **Natron**
½ TL **Meersalz**
200 g **dunkle Schokoladenchips** oder Schokolade in Stücken
50 ml **Agavendicksaft**
200 ml **Ahornsirup**
125 g **Butter**, zerlassen
5 Tropfen **Vanillearoma**
**Meersalz** zum Bestreuen (nach Belieben)

1. Heizen Sie den Backofen auf 180 °C/Gas Stufe 4 vor. Legen Sie ein Backblech mit Backpapier aus.
2. Vermengen Sie alle trockenen Zutaten inklusive der Schokolade in einer Schüssel.
3. Mischen Sie alle feuchten Zutaten in einer zweiten Schüssel.
4. Rühren Sie die feuchten Zutaten unter die trockenen. Vermengen Sie alles gut, aber rühren Sie nicht zu stark, sonst entweicht die Luft aus dem Teig.
5. Geben Sie löffelweise die Cookie-Mischung auf das Backblech. Bestreuen Sie die Cookies mit Meersalz.
6. Backen Sie die Cookies 11 Minuten, dann lassen Sie die Kekse auf dem Blech 1 Minute abkühlen, bevor Sie sie auf ein Kuchengitter legen.

TIPPS

- Diese Cookies schmecken am nächsten Tag sogar noch besser. Genießen Sie sie mit einem Glas Haselnussmilch (siehe Seite 56).
- Sie können das glutenfreie Mehl auch durch normales Weizenmehl ersetzen, wenn Sie keine Glutenintoleranz haben.

Sie können das Rezept auch beliebig variieren. Wir ersetzen die dunkle Schokolade gern durch weiße Schokolade und getrocknete Heidelbeeren, oder wir geben Milchschokolade und geröstete Pekannüsse zu oder Walnüsse und Haselnüsse zu der dunklen Schokolade im Originalrezept. Maggie gehört zu unseren Lieblingsbäckerinnen (siehe Seite 232). Sie verwendet Weizenmehl anstelle des glutenfreien Mehls und Ahornzucker statt Agavendicksaft. Ich habe hier Agavendicksaft als Alternative vorgeschlagen, falls Sie keinen Ahornzucker zur Hand haben. Maggie gibt manchmal auch ½ Teelöffel Melasse zu.
CLAIRE

# Traumkuchen in Technicolor

Es macht richtig Spaß, diesen Kuchen zu backen, und er ist knallig genug, um jedes Kind zufriedenzustellen. Die Idee stammt aus einem alten Kochbuch von Claire.

Für 10–12 Personen
Vorbereitungszeit: 25 Minuten
Garzeit: 50 Minuten
V

*Für den Kuchen:*

300 g **Weizenmehl**
½ TL **Salz**
4 TL **Backpulver**
200 g sehr weiche **Butter**
400 g **Zucker**
2 Tropfen **Vanillearoma**
4 **Bio-Eier**, getrennt
225 ml **Milch**

*Für die Glasuren:*

4 x 15 ml frisches **Fruchtpüree**, durchpassiert (wir haben Himbeere, Quitte, Kurkuma und Erdbeere verwendet)
4 x 30 g weiche **Butter**
4 x 150 g **Puderzucker**
**Zitronensaft** oder **Vanillearoma**

1. Heizen Sie den Backofen auf 160 °C/Gas Stufe 3 vor. Fetten Sie zwei Kuchenformen (23 cm Ø) mit Butter ein und legen Sie sie mit Backpapier aus.
2. Sieben Sie Mehl, Salz und Backpulver in eine große Schüssel.
3. Schlagen Sie Butter und Zucker schaumig. Geben Sie das Vanillearoma und unter Rühren nach und nach das Eigelb zu. Rühren Sie die Hälfte der Milch ein. Fügen Sie die Hälfte der Mehlmischung zu und vermengen Sie alles gut. Geben Sie auf dieselbe Weise die restliche Milch und das übrige Mehl zu.
4. Schlagen Sie das Eiweiß steif, bis sich weiche Spitzen bilden. Rühren Sie ein Drittel des Eischnees in die Kuchenmischung. Heben Sie den Rest unter, lassen Sie aber nicht zu viel Luft entweichen.
5. Verteilen Sie den Teig auf die Formen und backen Sie die Kuchen 45–50 Minuten, bis ein Holzstäbchen, das Sie hineinstechen, sauber bleibt. Lassen Sie die Kuchen 10 Minuten abkühlen, ehe Sie sie aus den Formen nehmen und auf einem Kuchengitter auskühlen lassen.

Halbieren Sie die Kuchen horizontal und legen Sie einen der Böden auf einen Tortenteller. Bestreichen Sie ihn mit einer Buttercreme. Legen Sie so alle Böden aufeinander. Die oberste Schicht sieht mit einer herunterlaufenden Buttercreme- oder einer Eiweißglasur (siehe Seite 179) sehr gut aus. Belegen Sie die Torte mit frischen Früchten.

Für die Buttercreme-Glasuren passieren Sie die Fruchtpürees (siehe Seite 178). Schlagen Sie Butter und Zucker schaumig. Geben Sie das Fruchtpüree zu. Zitronensaft oder Vanillearoma können den Geschmack ausbalancieren.

DINKELBROT • SAUERTEIGBROT • ROGGENBROT
SODABROT • BRÖTCHEN • GLUTENFREIES BROT

# BROT
## & HERZHAFTES

FLADENBROT • PIZZA • HAFERPLÄTZCHEN

# BROT STEHT AM BEGINN DER ZIVILISATION

**Zivilisation basiert auf Überfluss. Als der Mensch herausgefunden hatte, dass man wildes Getreide in den Wintermonaten lagern muss und im Sommer vermehren, musste er sein Leben nicht länger mit der Suche nach Nahrung verbringen. Er hatte nun Zeit, die er damit verbrachte, neue Fertigkeiten wie Schreiben zu erlernen, Häuser zu bauen, Musik zu spielen und den langen Weg zur Zivilisation zu beschreiten.**

**Die ersten Brote – die erstmals vor ca. 12 000 Jahren im Vorderen Orient gebacken wurden – waren feste Kuchen, die aus gemahlenem Roggen und den Vorformen des Weizens, Einkorn und Emmer, gemacht wurden. Diese Fladen haben immer noch überall auf der Welt Nachfolger – indische Chapatis, mexikanische Tortillas und schottische Haferplätzchen (siehe Seite 212).**

**Aber das Brotbacken veränderte sich, als erstmals Sauerteig eingesetzt wurde und leichtere, lockerere Laibe gebacken wurden. Hefebrote werden erstmals in den Schriften der Ägypter erwähnt, vermutlich gab es sie aber schon früher, da sich jede Mischung aus Weizen und Wasser, wenn man sie stehen lässt, von selbst in Sauerteig verwandelt, ausgelöst durch die natürlichen Hefen, die auf den Körnern leben.**

**Leider haben während des letzten Jahrhunderts viele vermeintliche Fortschritte beim Brotbacken das Wertvolle aus diesem elementaren Nahrungsmittel entfernt. Alte Vorformen von Weizen wurden überzüchtet, um die Ergiebigkeit und den Glutenanteil zu erhöhen. Dies brachte zwei unerwünschte Nebeneffekte mit sich: Moderner Weizen enthält weniger Nährstoffe und viel mehr Eiweiß, das allergische Reaktionen auslöst. Daher die massive Zunahme von Weizenintoleranz und Allergien. Brot wird auch heute noch nach dem Chorleywood-Verfahren hergestellt, das in den 1960er-Jahren eingeführt wurde und das gehärtetes Pflanzenöl benutzt, intensive Energie, sowie sehr hohe Anteile von Hefe und viele Zusatzstoffe, um die Zeit zu reduzieren, die man für die Brotherstellung benötigt (und um Kosten zu senken). Ein traditioneller Laib Brot enthält vier Zutaten: Wasser, Salz, Weizen und Hefe. Ein typisches Chorleywood-Brot enthält mehr als 20 Zutaten.***

Für die Brotrezepte in diesem Buch benutzen wir traditionelle Methoden. Wir ziehen altertümliches Getreide wie Dinkel und Roggen vor, und es gibt sogar ein glutenfreies Brot. Dabei ist die Herstellung der Brote nicht kompliziert. Selbst gebackenes Brot bringt das Gute – und Spaß – in Ihre tägliche Ernährung zurück.

*Mehr dazu in Andrew Whitleys Buch „Bread Matters“.

# Brot – Grundlagen

## BROTSORTEN

Jedes Brot fällt in eine der vier Hauptkategorien, die man nach ihren Triebmitteln definiert:

## SAUERTEIG

Sauerteig ist die älteste Form von Brot mit Triebmittel. Es wird mit einer Sauerteigkultur (siehe Seite 195) gemacht, die Sie entweder von einem anderen Bäcker erhalten oder indem Sie Weizen und Wasser stehen lassen, damit sie auf natürliche Weise fermentieren. Sie enthält eine symbiotische Kultur aus natürlicher Hefe und Milchsäurekulturen. Diese Kultur produziert die Milchsäure, die dem Brot seinen charakteristischen säuerlichen Geschmack gibt.

Sauerteig gilt als schwierig, weil die Kulturen Aufmerksamkeit verlangen. Doch die Kulturen sind überraschend robust – Henry, der chaotisch und zerstreut ist, musste oft genug eine vergessene Kultur wiederbeleben.

Die Zubereitungszeit ist gewöhnungsbedürftig: Um einen Laib Brot zu machen, benötigt man mindestens 12, normalerweise sogar 24 Stunden. Allerdings ist die tatsächliche Arbeitszeit minimal. Die Belohnung ist ein wohlschmeckendes Brot, das über Wochen frisch bleibt.

## HEFEBROT

Die meisten Brote werden mit Bäckerhefe zubereitet. Es ist dieselbe Hefe, die man braucht um Alkohol herzustellen. Sie nährt sich von dem Zucker im Weizen und verwandelt ihn in Kohlendioxid, das das Brot aufgehen lässt. Der Umgang mit Hefe ist einfacher als mit Sauerteig, weil man sich weniger darum kümmern muss und das Brot in einem warmen Raum binnen weniger Stunden aufgeht. Hefe ist in frischer Form als Würfel oder in trockener Form als Granulat (Trockenhefe) erhältlich.

Für Anfänger ist das Backen mit Hefe die beste Art, um mit Brotbacken zu beginnen. Das Dinkelbrot auf Seite 193 ist sehr leicht zuzubereiten. Sie können auch mit verschiedenen Mehlmischungen und Aromen experimentieren, um Ihr persönliches Brot zu kreieren.

Wenn Sie etwas Sauerteig im Kühlschrank haben, können Sie etwas davon in Hefebrote geben, um in weniger als der halben Zeit einen Hauch von dessen säuerlichen Geschmacks zu bekommen.

## SODABROT

Dieses Brot braucht Natron als Triebmittel. Weizenmehl wird mit Buttermilch (oder auch Joghurt) gemischt. Die Milchsäure reagiert mit dem Natron und bildet Kohlendioxid, das das Brot zum Aufgehen bringt.

Es ist ein relativ modernes Brot, das Mitte des 19. Jahrhunderts in Irland als billigere und schnellere Alternative zu Hefebroten populär wurde. Charakteristisch für dieses Brot sind seine wunderbar weiche, kuchenähnliche Beschaffenheit und der ausgeprägte Geschmack.

## FLADENBROT

Fladenbrot wird meist ohne Triebhilfe gemacht. Es ist das einfachste Brot.

# *Einige* Grundregeln

Egal welches der oben genannten Brote Sie machen, einige Regeln gelten für alle Brote.

## BROTBACKEN IST KEINE EXAKTE WISSENSCHAFT

Die spezielle Fuhre Mehl, von der Sie etwas benutzen, die Qualität der Hefe und des Wassers, Lufttemperatur, Luftfeuchtigkeit und die Tücken Ihres Ofens entscheiden, wie Ihr Brot wird.

## VERLASSEN SIE SICH AUF IHREN INSTINKT

An einem kalten Tag muss das Brot eventuell etwas länger gehen oder etwas mehr Wasser zugegeben werden, wenn der Teig trocken ist.

## ÜBUNG MACHT DEN MEISTER

Versuchen Sie erst gar nicht, den perfekten Brotlaib zu backen. Sie lernen durch Ausprobieren. Sogar die misslungensten Versuche schmecken oft sehr gut.

## FEUCHTER IST BESSER

Auch wenn Ihnen der Teig zu feucht erscheint, geben Sie nicht sofort mehr Mehl zu. Meist ist es sogar besser, wenn der Teig feuchter ist.

## DAMPF FÜR DIE PERFEKTE KRUSTE

Wenn Sie eine Tasse Wasser auf ein Backblech am Boden des Ofens stellen, erhalten Sie eine glänzende Kruste.

## NOTIZEN MACHEN

Ärgerlich ist es, wenn Sie ein tolles Brot gebacken haben und nicht mehr genau wissen wie. Machen Sie sich Notizen.

# Dinkelbrot & Variationen

Dieses Brot backt Henry seit Jahren auf Drängen seiner Frau. Es ist sehr leicht zuzubereiten und kann fast nicht misslingen. Das Rezept lässt sich auch gut variieren, indem man Nüsse, Saaten und Gewürze zugibt oder andere Mehlsorten verwendet.

Ergibt 3 Brote
Vorbereitungszeit: 10 Minuten + 2 Stunden Zeit zum Gehen
Garzeit: 40 Minuten
❤ ✓ V
(MF, wenn Sie Öl zum Einfetten nehmen)

- weiche **Butter** zum Einfetten
- 1,5 kg **kräftiges Vollkorndinkelmehl**
- 2 Päckchen **Trockenhefe**
- 2 EL **grobes Meersalz**, zerstoßen
- 125 g **Pinienkerne**
- 125 g **Kürbiskerne**
- 125 g **Sonnenblumenkerne**
- 125 ml **Olivenöl extra vergine**
- 900 ml–1000 ml warmes **Wasser**
- 50 g **Sonnenblumenkerne** und **Saaten** zum Bestreuen

Nach der Geburt der Kinder backte Henry seiner Frau eine besondere Variante dieses Brotes: mit Gewürzen, die den Milchfluss anregen sollen. Für diese Variante fügen Sie je 1 Esslöffel Anis-, Kümmel- und Fenchelsamen sowie Bockshornklee zu (im Mörser zerstoßen oder in der Kaffeemühle gemahlen). Die Gewürze haben keine Auswirkung auf Personen, die nicht stillen. Wir finden diese Variante am leckersten.

1. Fetten Sie drei Brotformen mit Butter ein.
2. Vermischen Sie alle trockenen Zutaten in einer Schüssel.
3. Geben Sie das Öl zu, dann das Wasser und rühren Sie, bis ein Teig entsteht. Kneten Sie den Teig einige Minuten lang durch, bis er geschmeidig ist. Sie können etwas Mehl zugeben, wenn er zu klebrig ist (er darf an den Händen kleben).
4. Schneiden Sie den Teig in 3 Portionen, formen Sie diese zu länglichen Laiben, die Sie in die Formen legen. Schneiden Sie ein Muster in die Oberfläche und streuen Sie die Saaten in die Einschnitte. Bestäuben Sie die Laibe mit etwas Dinkelmehl (oder Kleie).
5. Stellen Sie die Formen in Plastikbeutel und stecken Sie die Enden unter die Formen, sodass um den Teig genug Luftraum bleibt. Lassen Sie den Teig an einem warmen Ort ca. 2 Stunden gehen, bis er sein Volumen verdoppelt hat.
6. Backen Sie die Brote 20 Minuten bei 230 °C/Gas Stufe 8, reduzieren Sie dann die Temperatur auf 200 °C/Gas Stufe 6 und backen Sie die Brote weitere 20 Minuten. Lassen Sie sie auf einem Kuchengitter auskühlen.

- Sie können statt Dinkelmehl auch Vollkornmehl nehmen. Oder wenn Sie den Brotlaib leichter mögen, können Sie 500 g des Vollkornmehls durch kräftiges Weißmehl ersetzen.
- Experimentieren Sie mit Zusätzen. Versuchen Sie Datteln und Mandeln oder Aprikosen und Walnuss.

WHEAT

# SAUERTEIGKULTUR

Wenn Sie keine freundliche Seele finden, die Ihnen eine Sauerteigkultur gibt, können Sie sie auch selbst züchten – nach einem Rezept von Meisterbäcker Tom Herbert aus der Hobbs House Bakery in Gloucestershire. Tom hatte Henry einst eine Kultur gegeben, die seine Familie schon seit 55 Jahren züchtet.

## SAUERTEIG HERSTELLEN (GRUNDSAUER)

Sie benötigen ein Gefäß, in dem Sie Ihren Sauerteig aufbewahren, z. B. ein Weck- oder Einmachglas. Reinigen Sie es gut und wiegen Sie es leer. Schreiben Sie das Gewicht auf ein Etikett (so können Sie das Gewicht des Inhalts später ermitteln, ohne das Gefäß zu leeren).

Wiegen Sie 100 g Bio-Vollkorn- oder Vollkorndinkelmehl ab und verrühren Sie es in dem Glas mit 100 ml warmem Wasser. Decken Sie das Glas mit einem Deckel ab und stellen Sie es in der Küche an einem warmen und gut sichtbaren Platz ab.

Füttern Sie den Sauerteig 1 Woche lang jeden Tag: Dazu geben Sie 100 g des Teigs in eine Schüssel (den Rest können Sie anderweitig verwenden) und rühren 100 ml Wasser und 100 g Mehl unter. Entfernen Sie alle Mehlklümpchen mit einer Gabel. Geben Sie den Sauerteig ins Glas zurück.

Nach ca. 5 Tagen werden Sie Bläschen in dem Teig bemerken – das ist wie das erste flüchtige Lächeln eines Babys. Sie könnten ihn nach einer Woche verwenden, aber er wäre träge und schwach. Von jetzt an stellen Sie ihn in den Kühlschrank und holen ihn immer ein paar Tage, bevor Sie ihn füttern, raus. Vermengen Sie dazu wie zuvor 100 g Teig mit 100 g Mehl und 100 ml Wasser. Nach einem Monat ist der Teig gereift (vollsauer), er hat dann einen gleichmäßigeren Geschmack und stärkere Triebkraft.

Wenn er sich nicht wie gewünscht entwickelt, nehmen Sie ihn aus dem Kühlschrank und füttern Sie ihm eine Extraportion zu. Vergessen Sie nicht, dass der Teig eine lebende Kultur ist, wenn er nicht im Kühlschrank überwintert, wo er einige Monate überlebt. Er liebt es, gefüttert zu werden, er sollte es warm haben und belüftet werden, indem man ihn kräftig durchrührt. Ist der Sauerteig tot, entwickelt er einen sehr unangenehmen Geruch. Entsorgen Sie ihn und züchten Sie einen neuen Sauerteig.

Ich bin der Vormund unseres Familiensauerteigs, der über 55 Jahre preisgekrönte Brote in Hobbs House Bakery hervorgebracht hat. Wem wollen Sie Ihren Sauerteig vermachen?

Friede und Brot,
Tom Herbert

Gegenüberliegende Seite: Sauerteigkultur mit Vollkorndinkelmehl (oben) und Weizenmehl (unten).

TOM (RECHTS) UND SEIN BRUDER GEORGE, MONTE CARLO, 1981

# Sauerteigbrot

Zwei Phasen beim Zubereiten des Sauerteigs sind wichtig: der Vorteig – eine gekräftigte Sauerteigkultur – und der Teig.

Ergibt 1 Brot
Vorbereitungszeit: 14 Stunden (inklusive Zeit zum Gehen)
Garzeit: 35–40 Minuten
❤ MF V

*Für den Vorteig:*
180 ml **Wasser** (ca. 27 °C warm)
100 g **Sauerteigkultur** (siehe Seite 195), zimmerwarm
340 g **kräftiges Weizenmehl** (Bio macht hier einen großen Unterschied. Die Chemikalien, die auf dem wachsenden Weizen Schädlinge bekämpfen, werden auch die guten Organismen abtöten, die das Brot richtig aufgehen lassen)
½ TL **feines Meersalz**

*Für den Teig:*
90 ml **Wasser** (ca. 27 °C warm)
400 g **kräftiges Weizenmehl**
1 EL **feines Meersalz**

1. Für den Vorteig vermischen Sie in einem Behältnis, das in Ihren Kühlschrank passt, Wasser, Sauerteigkultur und Mehl mit einem Holzlöffel.
2. Mehlklumpen müssen Sie nicht entfernen, denn wenn der Sauerteig arbeitet, werden sie sich auflösen. Der Vorteig hat dann eine wunderbar weiche und elastische Konsistenz, ist aber noch zu feucht, um einen Teig zu bilden.
3. Stellen Sie den Vorteig mit einem sauberen Küchentuch oder einer Frischhaltefolie bedeckt an einen warmen Ort. Idealerweise liegt die Raumtemperatur über 25–29 °C. Im Winter sollten Sie ihn in die Nähe der Heizung stellen. Lassen Sie den Vorteig 4 Stunden gehen.
4. Für den Teig geben Sie den Vorteig mit allen anderen Teigzutaten in eine Küchenmaschine und mischen alles 8–10 Minuten, bis Sie einen weichen und elastischen Teig haben, der noch leicht klebrig ist.
5. Wenn für Sie das Durchkneten von Hand wichtig ist, dann ist das jetzt Ihre Chance (siehe Seite 40). Kneten Sie den Teig auf einer nicht bemehlten Arbeitsfläche durch und legen Sie ihn wieder in die Schüssel. Bedecken Sie ihn erneut und lassen Sie ihn 3–4 Stunden an einem warmen Platz gehen.
6. Legen Sie eine Schüssel mit einem Musselin- oder einem sauberen Geschirrtuch aus und bestreuen Sie es großzügig mit Mehl. Kneten und schlagen Sie den Teig noch einmal auf der Arbeitsfläche durch, um die Luft entweichen zu lassen. Dies bringt auch die Kulturen erneut zum Arbeiten. Formen Sie den Teig zu einem runden Laib, legen Sie ihn in die Schüssel und bedecken Sie ihn mit einem Tuch. Lassen Sie ihn an einem warmen Platz ca. 5 Stunden gehen.

7. Stellen Sie den Backofen 45 Minuten, bevor Sie das Brot in den Ofen stellen, auf die höchste Temperatur. Claire prüft mit einem Ofenthermometer, wann das Maximum erreicht ist.

8. Schieben Sie zunächst ein Backblech in den Ofen und lassen Sie es richtig heiß werden. Stellen Sie ein zweites Backblech mit einem höheren Rand (hoch genug, um eine geringe Menge Wasser aufzunehmen) auf den Boden des Ofens. Halten Sie ein Gefäß mit Wasser neben dem Ofen bereit, um Wasser auf das Backblech zu gießen.

9. Nehmen Sie das heiße Backblech aus dem Ofen und schließen Sie rasch die Ofentür. Es ist sehr wichtig, dass die Hitze nicht entweicht. Legen Sie den Brotlaib auf das heiße Backblech und ritzen Sie mit einem Messer ein Quadrat in die Teigoberfläche.

10. Schieben Sie das Brot in den Backofen und gießen Sie etwas Wasser in das Backblech unten. Das sollte alles möglichst schnell gehen, um zu verhindern, dass zu viel Dampf und Hitze entweicht.

11. Stellen Sie die Herduhr auf 20 Minuten, öffnen Sie in dieser Zeit die Ofentür nicht. Danach können Sie nachschauen. Backen Sie das Brot weitere 15–20 Minuten. Lassen Sie es auf einem Kuchengitter auskühlen.

# Glutenfreies Brot

Gluten macht die Krume elastisch und zart. Wenn Sie glutenfreies Mehl verwenden, erhalten Sie eine etwas festere Krume, die eher einem Kuchen ähnelt. Das Ergebnis ist dennoch gut und das Brot sehr schmackhaft.

Ergibt 1 Brot
Vorbereitungszeit: 20 Minuten + 1 Stunde Zeit zum Gehen
Garzeit: 55 Minuten
❤ WF GF V

500 g **glutenfreies Brotmehl**
½ TL **Meersalz**
2 Päckchen **Trockenhefe**
2 EL **Honig**
325 ml **Milch**
1 EL **Apfelessig**
2 EL **Olivenöl**
2 **Bio-Eier**
**Mohnsamen** zum Bestreuen

1. Fetten Sie eine Brotform (450 g) ein.
2. Vermengen Sie Mehl, Salz und Hefe und stellen Sie die Mischung beiseite.
3. Erwärmen Sie den Honig mit der Milch und nehmen Sie die Mischung vom Herd. Rühren Sie mit dem Schneebesen erst Essig und Öl ein, dann die Eier.
4. Geben Sie die feuchten Zutaten zu den trockenen und mischen Sie alles zu einem Teig. Formen Sie einen länglichen Laib daraus und legen Sie ihn in die Form. Bespritzen Sie den Teig mit Wasser und bestreuen Sie ihn mit Mohnsamen. Lassen Sie den Teig an einem warmen Ort 1 Stunde gehen.
5. Heizen Sie den Backofen auf 200 °C/Gas Stufe 6 vor und backen Sie das Brot 45–55 Minuten.
6. Lassen Sie es 5 Minuten in der Form abkühlen, bevor Sie es auf einem Kuchengitter ganz auskühlen lassen.

TIPP

- Geben Sie Körner oder Saaten in den Teig, um die Textur und den Geschmack des Brotes zu variieren. Weichen Sie die Körner und Saaten über Nacht ein, bevor Sie sie zum Teig geben. Das Einweichen fördert die Aufnahme der Vitamine.

# Roggenbrot à la Flour Station

Wir verwenden dieses Brot bei Leon für die belegten Brote im New-York-Stil, die wir zum Frühstück servieren. Gebacken wird es in der Bäckerei Flour Station in London, die dem Teig gebackene Kartoffeln zugibt, um ihn feucht zu halten. Das Brot hat eine angenehm geschmeidige Textur.

Ergibt 1 Brot
Vorbereitungszeit: 1 Stunde + Zeit zum Gehen
Garzeit: 55 Minuten
❤ ✓ WF MF V

- 25 g **Sauerteigkultur aus Roggen** (50 % Wasser, 50 % Roggenmehl)
- 100 g gebackene **Kartoffeln**, geschält
- 1½ TL **Wasser**
- 100 g **Roggenmehl**, plus zusätzlich Roggenmehl zum Bestreuen
- 10 g **Trockenhefe**
- 2 TL **Salz**
- 100 g **Sonnenblumenkerne**
- 2 EL **Melasse** oder **dunkler Sirup**

1. Bereiten Sie den Sauerteig wie auf Seite 195 beschrieben zu.
2. Geben Sie alle Zutaten in eine Schüssel (vermeiden Sie dabei den direkten Kontakt zwischen Sauerteig und Salz).
3. Verkneten Sie alle Zutaten in einer Küchenmaschine auf niedriger Stufe zu einem Teig. Der Teig ist sehr feucht und klebrig, aber nach einer Weile verändert sich der Farbton von Braun zu einem helleren, mehr gelblichen Ton.
4. Bedecken Sie die Schüssel mit einem feuchten Tuch und lassen Sie den Teig ca. 3 Stunden ruhen.
5. Fetten Sie eine Brotform (900 g) mit Butter ein und bestreuen Sie sie mit Roggenmehl.
6. Formen Sie den Teig auf einer bemehlten Arbeitsfläche zu einem länglichen Laib. Geben Sie ihn in die Form und bestreuen Sie ihn mit Roggenmehl.
7. Lassen Sie das Brot an einem warmen, zugfreien Ort gehen, bis Risse auf der Oberfläche entstehen. Das Volumen sollte ca. 50 % zugenommen haben.
8. Heizen Sie den Backofen auf 220 °C/Gas Stufe 7 vor. Bestreuen Sie das Brot nochmals mit Roggenmehl und backen Sie es 55 Minuten im Ofen, bis das Brot eine dunkle Kruste hat.

TIPPS

- Dieses Brot wird durch Lagerung besser, und schmeckt am besten einen Tag nach dem Backen. Es bleibt mind. 1 Woche frisch, weil die Kartoffeln Feuchtigkeit anziehen und deshalb das Brot länger feucht halten.
- Toasten Sie dünne Scheiben dieses Brotes und bestreichen Sie es mit Butter, Kokosfett oder einer Nussbutter (siehe Seite 57).

# Bäcker Raabs Weizenbrötchen

Manchmal gibt es nichts Leckereres als knuspriges Weißbrot. Mima und Henry haben vor Kurzem anlässlich einer Geburtstagsfeier in ihrem Garten ein Lamm am Spieß geröstet (das Lamm nahm ein Drittel des Gartens ein). Wir servierten es mit Minzsauce, und Claire schlug knusprige helle Brötchen von einem Familienbäcker in Islington, London, vor. Damit stand sie im Rampenlicht.

Ergibt 10–12 Stück
Vorbereitungszeit: 30 Minuten + 1½ Stunden Zeit zum Gehen
Garzeit: 20 Minuten
❤ V

20 g **frische Hefe**
150–200 ml warmes **Wasser**
100 ml warme **Milch**
1 Prise **Zucker**
450 g **kräftiges Weizenmehl**
1 TL **Salz**
50 g **farbloses Pflanzenfett** oder **-öl**
**Eiswürfel**

1. Lösen Sie die Hefe in dem Wasser auf. Fügen Sie Milch und Zucker zu, damit die Hefe geht.
2. Geben Sie Mehl, Salz und Fett auf eine Arbeitsfläche und drücken Sie eine Mulde in die Mitte (falls Sie Pflanzenöl benutzen, fügen Sie es erst im nächsten Schritt hinzu).
3. Gießen Sie die Hefemischung in die Mulde und mischen Sie nach und nach von Hand das Mehl ein. Fügen Sie noch etwas Mehl zu, wenn der Teig klebrig ist, und kneten Sie 10–12 Minuten, bis der Teig glatt und elastisch ist.
4. Geben Sie den Teig in eine eingeölte Schüssel, bedecken Sie ihn mit einem feuchten Küchentuch und lassen Sie ihn an einem warmen Platz 1 Stunde gehen, bis sich sein Volumen verdoppelt hat.
5. Legen Sie den Teig auf eine bemehlte Arbeitsfläche und teilen Sie ihn in 10–12 Stücke von jeweils ca. 50 g. Formen Sie daraus runde Brötchen.
6. Setzen Sie die Brötchen auf ein mit Backpapier ausgelegtes oder gut eingeöltes Backblech. Lassen Sie den Brötchen genug Platz zum Aufgehen. Ritzen Sie die Brötchen mit einem scharfen Messer ein. Bedecken Sie sie mit einem Küchentuch.
7. Heizen Sie den Backofen auf 220 °C/Gas Stufe 7 vor und stellen Sie ein leeres Backblech auf den Boden des Ofens.
8. Sobald sich das Volumen der Brötchen verdoppelt hat, schieben Sie das Blech in den Ofen. Werfen Sie gleichzeitig ca. 10 Eiswürfel auf das heiße Blech auf dem Ofenboden und schließen Sie die Ofentür. Der Dampf sorgt dafür, dass die Brötchen knusprig werden. Backen Sie die Brötchen 15–20 Minuten, bis sie goldgelb sind.

NIEMAND KAM BEI DER AUFNAHME DIESER BILDER ZU SCHADEN.

# Ballymaloes Sodabrot

Eine klassische Version des hefefreien Frühstücksbrotes.

Ergibt 1 großes Brot oder 2 kleine Brote
Vorbereitungszeit: 10 Minuten
Garzeit: 40 Minuten
❤ ✓ V

REZEPT GETESTET VON MARIE & PETA

300 g **braunes Vollkornmehl**
(vorzugsweise in einer Steinmühle gemahlen)
300 g **Weizenmehl**
2 TL **Meersalz**
2 TL **Natron**, gesiebt
550 ml **Buttermilch**

1. Heizen Sie den Backofen auf 230 °C/Gas Stufe 8 vor.
2. Vermischen Sie alle trockenen Zutaten in einer großen Schüssel. Drücken Sie eine Mulde in die Mitte und gießen Sie die Buttermilch hinein.
3. Arbeiten Sie das Mehl von Hand ein, indem Sie von der Mitte aus Mehl in die Flüssigkeit rühren. Der Teig sollte weich, aber nicht zu feucht oder klebrig sein. Sobald ein Teig entstanden ist, legen Sie ihn auf eine bemehlte Arbeitsfläche.
4. WASCHEN SIE IHRE HÄNDE UND TROCKNEN SIE SIE GUT AB.
5. Rollen Sie den Teig kurz mit mehligen Händen, damit er glatter wird. Drehen Sie ihn um und klopfen Sie ihn auf ca. 5 cm Höhe flach.
6. Streuen Sie etwas Mehl auf ein Backblech und setzen Sie den Brotlaib darauf.
7. Schneiden Sie mit einem Messer ein tiefes Kreuz in die Oberfläche und backen Sie das Brot 15–20 Minuten. Reduzieren Sie die Temperatur auf 200 °C/Gas 6 und backen Sie das Brot ca. 15–20 Minuten weiter, bis es gar ist (bei einigen Öfen muss man das Brot 5–10 Minuten vor Ende der Backzeit wenden, sodass die Oberseite unten ist).
8. Sobald das Brot gar ist, klingt es hohl, wenn man darauf klopft. Lassen Sie es auf einem Kuchengitter auskühlen.

TIPP

- Sie können den Zutaten 12 g feines Hafermehl, 1 Ei und 12 g Butter zugeben, um ein reichhaltigeres Brot zu erhalten.

Dieses Rezept ist dem Buch „Ballymaloe Cookery Course" von Darina Allen entnommen (Kyle Cathie, 2001).

Darina Allen und ihre Familie leiten schon seit fast 30 Jahren die Ballymaloe Kochschule in East Cork, Irland. Die Schule liegt in einem vier Hektar großen Gemüsegarten mit Gewächshäusern und Obstgärten, die biologisch bebaut werden. Kommt man durch die kleine hölzerne Pforte in den Hof der Schule, scheint man eine andere Welt zu betreten. Ich hatte das Glück, dorthin mehrfach eingeladen zu werden, um Backvorführungen zu geben. Am meisten freue ich mich immer auf das Frühstück, besonders wenn die Lektion auch die Herstellung von Sodabrot beinhaltet.

CLAIRE

# Fladenbrot mit Zatar

Dieses Fladenbrot enthält etwas Hefe, sodass der Teig ein wenig aufgeht. Der Teig ist sehr trocken und fühlt sich ähnlich wie Nudelteig an. Das für dieses Brot notwendige Mehl ist in Feinkostläden erhältlich. Wegen seiner einzigartigen Textur lohnt es sich, mit diesem Mehl zu arbeiten.

Ergibt 10 Stück
Vorbereitungszeit: 2 Stunden
Garzeit: 10 Minuten
❤ MF V

REZEPT GETESTET VON HOLLY

1 Päckchen **Trockenhefe**
100 ml warmes **Wasser**
3 EL **Olivenöl**
280 g **feiner Grieß**
70 g **Weizenmehl** (Type 00)
1 TL **Meersalz**
10 TL **Zatar**

1. Verrühren Sie Hefe und Wasser in einer Schüssel. Gießen Sie das Olivenöl zu und geben Sie Grieß, Mehl und Salz zu. Mischen Sie alles, bis ein Teig entsteht.
2. Decken Sie die Schüssel ab und stellen Sie den Teig an einen warmen Ort. Lassen Sie ihn ca. 1½ Stunden gehen.
3. Teilen Sie den Teig in 10 Portionen und rollen Sie jede Portion zu einer Kugel. Lassen Sie die Kugeln weitere 10 Minuten gehen.
4. Heizen Sie den Backofen auf 230 °C/Gas Stufe 8 vor.
5. Drücken Sie jede Teigkugel flach und bedecken Sie alle ca. 30 Minuten mit einem feuchten Küchentuch.
6. Bestreuen Sie die Fladenbrote mit Zatar und backen Sie sie auf Backblechen ca. 10 Minuten, bis sie goldgelb sind. Lassen Sie die Brote auf einem Kuchengitter auskühlen.

TIPPS

- Zatar ist eine Gewürzmischung, die Sie in größeren Supermärkten, orientalischen Geschäften oder Feinkostläden finden. Sie können sie auch selbst machen. Mischen Sie dazu folgende gemahlene Gewürze: Thymian, Sesamsaat und Sumach. Kreuzkümmel, Koriander und Schwarzkümmel sind auch möglich.
- Sie können die Brote auch ohne Zatar zubereiten – streuen Sie etwas grobes Salz darüber, sobald es gebacken ist, und servieren Sie es mit gutem Olivenöl.

# Französische Zwiebeltarte

Dieses Rezept ist eine Abwandlung der klassischen französischen Pissaladière mit Dinkelmehl. Es ist sehr einfach zuzubereiten und sehr vielseitig. Den Belag kann man beliebig variieren.

Ergibt 8 kleine oder 4 große Fladen
Vorbereitungszeit: 30 Minuten
Garzeit: 30 Minuten
❤ V

REZEPT GETESTET VON BEANE & TIM

*Für den Dinkelteig:*
125 g **Dinkelmehl**
1 Prise **Salz**
1 Prise **Zucker**
100 g kalte **Butter**, in Stücken
4 EL **Eiswasser**

*Für den Belag:*
3 EL **Olivenöl**
2 **Zwiebeln**, in dünnen Ringen
1 TL **Essig**
1 kleines Bund **Thymian**
50 g **schwarze Oliven**
6 **Anchovis**
**Salz** und **schwarzer Pfeffer**
1 **Bio-Ei**, verquirlt

Für den Dinkelteig:

1. Vermischen Sie Dinkelmehl, Salz und Zucker in einer Schüssel und arbeiten Sie die Butter mit einem Messer ein. Lassen Sie die Butterstücke in der Größe von Knoblauchzehen, damit der Teig blättrig wird.
2. Geben Sie langsam das Wasser zu und verkneten Sie alles zu einem Teig.
3. Schlagen Sie den Teig in Frischhaltefolie ein und lassen Sie ihn mind. 30 Minuten im Kühlschrank ruhen.

Bereiten Sie in der Zwischenzeit den Belag zu:

4. Erhitzen Sie das Öl in einem Topf und dünsten Sie unter gelegentlichem Rühren die Zwiebeln an, bis sie karamellisieren.
5. Fügen Sie Essig und 2 Teelöffel Wasser zu. Bestreuen Sie die Zwiebeln mit Thymianblättchen und stellen Sie sie zum Abkühlen beiseite.
6. Heizen Sie den Backofen auf 160 °C/Gas Stufe 3 vor.
7. Entsteinen und hacken Sie die Oliven. Rollen Sie den Teig auf einer bemehlten Arbeitsfläche ca. 3 mm dick aus und legen Sie ihn auf ein Backblech. Belegen Sie ihn mit Zwiebeln, Anchovis und Oliven, wobei Sie einen kleinen Rand lassen, und würzen Sie alles mit Salz und Pfeffer.
8. Bestreichen Sie den Rand mit Ei. Backen Sie die Tarte 25–30 Minuten.

TIPP

- Unsere beliebtesten Beläge sind folgende:
  - **BUFFALO:** Zwiebeln, Büffelmozzarella in Scheiben, Tomaten, Basilikum. Beträufeln Sie alles mit Olivenöl.
  - **WURST & SALBEI:** Zwiebeln, Wurststückchen, gehackter Salbei.
  - **TOMATEN & THYMIAN:** Dijon-Senf, Zwiebeln, Tomatenscheiben, Thymian.

# Pizzateig

Dieser Pizzateig ist weicher und dicker als die sonst üblichen Pizzateige. Er ist einfach zuzubereiten und schmeckt sehr gut.

Ergibt 2 Pizzas
Vorbereitungszeit: 4 Stunden
Garzeit: 30 Minuten
❤ MF V

1 TL **Trockenhefe**
300–350 ml **Wasser**
500 g **Weizenmehl** (Type 00)
**Olivenöl**

1. Verrühren Sie die Hefe in einer großen Schüssel mit 100 ml Wasser, bis sie sich aufgelöst hat. Sie können hierfür lauwarmes Wasser nehmen, für den Rest des Teigs sollte das Wasser aber kalt sein.
2. Geben Sie das Mehl zu. Rühren Sie bis zu 300 ml Wasser unter, bis ein weicher Teig entsteht. Lassen Sie ihn 10 Minuten ruhen und prüfen Sie, ob die restlichen 50 ml Wasser nötig sind.
3. Kneten Sie den Teig, bis er elastisch und geschmeidig ist. Bestreichen Sie den Teig mit etwas Öl und bedecken Sie die Schüssel 30 Minuten mit einem Tuch.
4. Nachdem der Teig etwas gegangen ist, müssen Sie ihm Luft zuführen, indem Sie ihn alle 30 Minuten 5 Minuten kneten. Wiederholen Sie den Vorgang dreimal.
5. Lassen Sie den Teig 1½ Stunden an einem warmen Ort gehen.
6. Heizen Sie den Backofen auf 200 °C/Gas Stufe 6 vor. Bestreuen Sie zwei Backbleche mit Mehl oder legen Sie sie mit Backpapier aus. Teilen Sie den Teig in 2 Portionen und drücken Sie jede Portion sanft in eine rechteckige Form. Rollen Sie den Teig nicht aus, sonst wird die Luft herausgedrückt.
7. Beträufeln Sie den Teig mit Olivenöl und belegen Sie ihn nach Belieben (siehe Vorschläge unten). Backen Sie die Pizza ca. 15 Minuten, bis sie goldgelb ist.

TIPPS

- Unser Lieblingsbelag ist zurzeit Kartoffeln und Rosmarin (siehe gegenüberliegende Seite). Sie benötigen Olivenöl, 2 gegarte Kartoffeln (geschält und in 2 mm dicken Scheiben), 200 g Mascarpone, 200 g Crème double, 1 Zweig frischen Rosmarin sowie Salz und Pfeffer. Bestreichen Sie den Teig mit Öl und verteilen Sie Kartoffeln, Marscarpone und Crème double darauf. Streuen Sie Rosmarinnadeln darüber und würzen Sie alles mit Salz und Pfeffer.
- Weitere Beläge, die sehr beliebt sind:
  - Prosciutto, Crème fraîche, Salbei
  - Halbierte Cherrytomaten, Salami, Mozzarella, Chiliflocken
  - Wurstbrät, Fenchelsamen, Crème fraîche, blanchierter Brokkoli
  - Blauschimmelkäse, Walnüsse, Endivien oder Chicorée
- Geben Sie ca. 100 g Sauerteigkultur (siehe Seite 195) zum Teig, um ihm einen säuerlichen Geschmack zu verleihen.

# Haferplätzchen

Diese Plätzchen sind buttrig und mürbe. Sie schmecken sehr gut zu Hartkäse und können auch wunderbar mit Nussbutter bestrichen werden (siehe Seite 57).

Ergibt 12 Stück
Vorbereitungszeit: 15 Minuten + 30 Minuten Kühlzeit
Garzeit: 10 Minuten
✓ V

250 g **Hafermehl** (oder fein gemahlene Haferflocken)
150 g **Dinkelmehl**, plus zusätzlich Mehl zum Bestäuben
100 g **Vollkorndinkelmehl**
½ TL **Natron**
250 g **Butter**
1 TL **Salz**
1 **Bio-Ei**

1. Vermengen Sie alle Mehlsorten mit dem Natron. Reiben Sie die Butter mit Ihren Fingerspitzen in die Mehlmischung, bis sie gerade eingearbeitet ist.
2. Arbeiten Sie Salz und Ei ein, bis ein Teig entsteht. Stellen Sie ihn mind. 30 Minuten kalt.
3. Heizen Sie den Backofen auf 180 °C/Gas Stufe 4 vor und legen Sie ein Backblech mit Backpapier aus.
4. Rollen Sie den Teig auf einer leicht bemehlten Arbeitsfläche ca. 3 mm dick aus. Stechen Sie die Plätzchen mit einer runden Ausstechform aus oder rollen Sie Teigkreise von 18 cm Ø aus und vierteln Sie diese.
5. Geben Sie die Plätzchen auf das Backblech und backen Sie sie ca. 8–10 Minuten. Lassen Sie sie auskühlen. Sie können sie frisch verzehren oder in einer Dose bis zu 1 Woche aufbewahren.

TIPPS

- Diese Plätzchen können Feuchtigkeit aufsaugen und weich werden, wenn man sie offen liegen lässt. Legen Sie sie dann auf ein mit Backpapier ausgelegtes Backblech und backen Sie sie 5 Minuten im vorgeheizten Backofen bei 160 °C/Gas Stufe 3.
- Zusammen mit Stilton-Käse sind die Plätzchen ein fester Bestandteil der englischen Weihnachtstradition.

TS
TS
TS
KONFEKTE
SUN
FULL OF SUN

# SWEETS

SWEETS

Genau wie Brot sind die industriell produzierten Konfekte so billig, dass kaum noch jemand sie zu Hause selbst macht. Den Geschmack von selbst gemachten Konfekten und ihre Einzigartigkeit kann aber keine Fabrik nachmachen. Außerdem kann die Herstellung von Konfekten viel Freude bereiten: Fast so als wäre man einen Tag lang Willy Wonka (aus dem Film „Charlie und die Schokoladenfabrik").

Die Rezepte sind alle leicht nachzumachen, aber lassen Sie sich beim Experimentieren Zeit. Konfekte herzustellen ist eine Kunst. Die Ergebnisse sollte man auf der Zunge zergehen lassen.

# SCHOKOLADE MACHEN

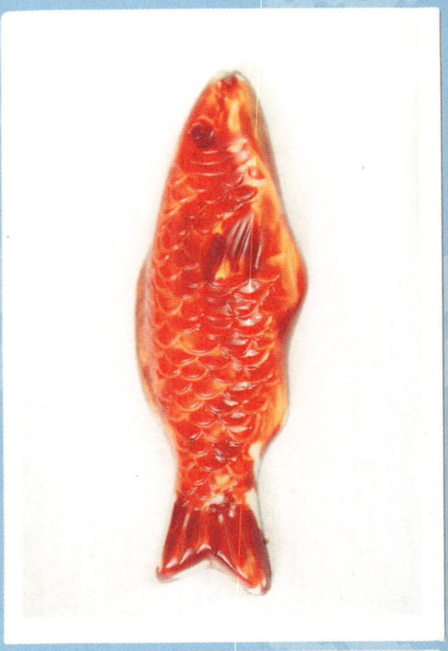

# Erdbeer-Marshmallows

Selbst gemachte Marshmallows – weiche Leckerbissen, die wenig Ähnlichkeit mit den ausgetrockneten schwammartig-spröden Dingern haben, die man im Supermarkt bekommt.

Ergibt 20 Marshmallows
Vorbereitungszeit: 20 Minuten
Garzeit: 30 Minuten
❤ WF GF
(V mit vegetarischer Gelatine)

Rezept getestet von: Viv

25 g **Puderzucker**
25 g **Maisstärke**
2 EL **Gelatinepulver**
90 ml **Wasser**
200 g **Feinstzucker**
1½ TL **heller Zuckerrübensirup**
1 **Eiweiß** vom **Bio-Ei**
100 ml pürierte **Erdbeeren** (aus ca. 200 g Erdbeeren)
2–3 Tropfen **Vanillearoma**

1. Fetten Sie eine 7 cm tiefe und 23–25 cm breite Form mit Öl ein. Sieben Sie Puderzucker und Maisstärke zusammen. Bestreuen Sie den Boden der Form mit der Hälfte der Mischung.
2. Rühren Sie die Gelatine in einem kleinen Topf mit 50 ml kaltem Wasser an.
3. Lösen Sie in einem zweiten Topf Zucker und Sirup in dem restlichen Wasser bei niedriger Hitze auf. Kochen Sie den Sirup auf und messen Sie mit einem Zuckerthermometer die Temperatur. Die Temperatur sollte 127 °C betragen.
4. Arbeiten Sie zügig, wenn der Sirup kocht. Schlagen Sie mit dem elektrischen Rührgerät das Eiweiß in einer großen Schüssel steif. Stellen Sie es beiseite.
5. Erhitzen Sie die Gelatine, kurz bevor der Sirup die notwendige Temperatur erreicht, mit dem Einweichwasser bei geringer Hitze, bis sie sich aufgelöst hat. Gießen Sie die Gelatine in den Sirup und verrühren Sie alles mit dem Schneebesen.
6. Heben Sie Erdbeerpüree und Vanillearoma unter die Sirupmischung.
7. Gießen Sie die Erdbeer-Sirup-Mischung in einem langsamen stetigen Strahl in den Eischnee, und heben Sie die Mischung unter.
8. Mixen Sie die Mischung mit einem Rührgerät ca. 5 Minuten bei mittlerer Stufe, bis sie dick und schaumig ist. Gießen Sie sie in die vorbereitete Form und glätten Sie die Oberfläche. Lassen Sie sie ca. 1 Stunde ruhen.
9. Bestreuen Sie die Arbeitsfläche mit Maisstärke und Puderzucker und stürzen Sie die Marshmallows darauf. Schneiden Sie sie in Würfel. Sie können sie in einem luftdichten Gefäß bis zu 1 Woche aufbewahren. (Bestreuen Sie sie erneut, damit sie nicht zusammenkleben.)

TIPP

- Die Marshmallows passen perfekt zu S'mores (siehe Seite 180).

# Honigwabe

Eigentlich zeigen wir Ihnen hier, wie Sie Ihre eigenen Crunchys machen können. Wenn Sie das nicht begeistert, dann lassen Sie sich von dem Rezept überraschen. Es hat einiges zu bieten und wird vermutlich die beste Chemiestunde sein, die Sie je erlebt haben.

Ergibt eine 20 cm x 20 cm große Form
Vorbereitungszeit: 5 Minuten
Garzeit: 15 Minuten
❤ WF GF V

REZEPT GETESTET VON: VIV

100 g **Butter**
1 EL **weißer Essig**
300 ml **heller Zuckerrübensirup**
400 g **Feinstzucker**
1 TL **Natron**, gesiebt

1. Fetten Sie eine 20 cm x 20 cm große Backform mit Butter ein und legen Sie sie mit Backpapier aus.
2. Zerlassen Sie in einem GROSSEN Topf (die Größe ist sehr wichtig) bei niedriger Hitze die Butter. Fügen Sie Essig, Sirup und Zucker zu und lassen Sie Sirup und Zucker in der Butter schmelzen. Erhöhen Sie die Temperatur auf mittlere Hitze, ohne die Mischung umzurühren. Erhitzen Sie den Sirup auf 149 °C (mit dem Zuckerthermometer messen).
3. Nehmen Sie den Topf vom Herd und rühren Sie sofort das Natron ein. Dieses reichert die Mischung mit Kohlendioxid an, sodass sie dramatisch aufschäumt. Deshalb ist der GROSSE Topf wichtig.
4. Gießen Sie die Mischung in die Form und lassen Sie sie abkühlen. Wenn sie anfängt, fest zu werden, ritzen Sie das Toffee mit dem Messer in mundgerechte Stücke. Wenn es völlig ausgekühlt ist, kann der Toffee auseinandergebrochen und in einem luftdichten Gefäß aufbewahrt werden.

TIPPS

- Überziehen Sie die Honigwabe mit Schokolade (siehe Seite 44), um Ihr eigenes Crunchy zu machen.
- Sie können die Toffees auch in Kuchenglasur oder auf einen Kuchen bröckeln, der dann ein goldenes Funkeln erhält.

# Solis Datteln (mit gerösteten Mandeln & Pistazien)

Diese Art von gefüllten Datteln gehören zu den schönsten Konfekten: Jedes Konfekt ist ein Päckchen voller Süße. Sie sind im ganzen Orient beliebt und von Claires iranischer Freundin Soli zur Vollendung gebracht worden.

Ergibt 25 Stück
Vorbereitungszeit: 30 Minuten
Garzeit: keine
❤ ✓ WF GF V

25 **persische Datteln** (zur Not Medjool, aber persische Datteln sind saftiger)
13–14 **Mandeln**, längs halbiert
60 g **Mascarpone**
1½ TL **Puderzucker**
3 EL **Orangenblütenwasser**
25 **ganze ungesalzene grüne Pistazien**
1 Handvoll **getrocknete Rosenblätter** zum Dekorieren

1. Schneiden Sie die Dattel mit einem scharfen Messer längs auf. Entfernen Sie den Stein und öffnen Sie behutsam die dadurch entstandene Höhle.
2. Rösten Sie die Mandeln in einer Pfanne, bis sie dunkelbraun, aber noch nicht angebrannt sind. Stellen Sie sie beiseite.
3. Vermischen Sie den Mascarpone mit Puderzucker und Orangenblütenwasser, wobei Sie Zucker und Wasser nur nach und nach zugeben und mit dem Löffelrücken drücken, bis Sie eine glatte und lockere Masse haben.
4. Füllen Sie die Dattel vorsichtig mit der Mascarponemischung.
5. Drücken Sie jeweils eine halbe Mandel und eine ganze Pistazie in die gefüllten Datteln und arrangieren Sie sie auf einem Tablett. Bestreuen Sie die Datteln mit Rosenblättern. Servieren Sie dazu persischen Kardamom-Tee. Bah bah! (persisch: lecker lecker!).

Soli in Dubai, 1988

Soli Zardosht hat einen hinreißenden Stand am Broadway Market in Hackney, East London, den sie nach dem persischen Gewürz Loomi benannt hat, das im Nahen Osten beim Kochen eine große Rolle spielt. Sie ist eine wunderbare Bäckerin und Gastgeberin.
CLAIRE

# KONFITÜREN & KOMPOTTE

HOHER FRUCHTGEHALT

ERDBEEREN, HIMBEEREN,
QUITTEN, TROCKENFRÜCHTE

Vom ersten Tag an haben wir bei Leon selbst gemachte Konfitüren und Kompotte serviert, weil die meisten industriell hergestellten Produkte extrem viel Zucker enthalten. Wir mischen das Kompott in unsere Power-Smoothies und Frühstücksjoghurts.

Kompott ist der Konfitüre ähnlich, doch die Früchte sind weniger zerkocht, und es wird, anders als Konfitüre, nicht fest. Beide Methoden eignen sich, um reife Früchte länger haltbar zu machen. Kompott hält sich in einem luftdichten Gefäß ein paar Wochen im Kühlschrank; Konfitüre sollte sich bei Zimmertemperatur bis zu einem Jahr halten und geöffnet im Kühlschrank ein paar Monate.

SERVIEREN SIE DAS KOMPOTT MIT KÄSE ODER MIT JOGHURT ALS LEICHTES DESSERT AM ABEND, LÖFFELN SIE ES ÜBER EISCREME, MISCHEN SIE ETWAS IN DEN FRUCHTSALAT ODER ESSEN SIE ES WIE KONFITÜRE.

# Frische Erdbeerkonfitüre

Diese frische Konfitüre ist sehr einfach zuzubereiten und schmeckt wundervoll. Übrigens eine sehr gute Art, um überreife Früchte zu verbrauchen.

Ergibt 550 ml
Vorbereitungszeit: 3 Stunden
Garzeit: 10 Minuten
❤ ✓ WF GF MF V

500 g **Erdbeeren**, den Blätteransatz entfernt und geviertelt
120 ml **Agavendicksaft**

1. Weichen Sie die Erdbeeren ca. 3 Stunden in dem Agavendicksaft ein.
2. Geben Sie alles in einen kleinen Topf. Kochen Sie die Mischung auf und lassen Sie sie 7 Minuten weiterkochen. Gießen Sie die Konfitüre in ein Glas. Lassen Sie sie auskühlen.

# Frische Himbeerkonfitüre

Diese Konfitüre wird nur 10 Minuten gekocht, aber die Früchte müssen über Nacht im Zucker ziehen und quellen, um die richtige Konsistenz zu erhalten.

Ergibt ca. 1 Liter
Vorbereitungszeit: 5 Minuten + Einweichen über Nacht
Garzeit: 10 Minuten
❤ WF GF MF V

500 g **Himbeeren**
500 g **Einmachzucker** (ohne Zusatz von Pektin)
Saft von 1 **Zitrone**

Von der irischen Meisterköchin Darina Allen lernte ich, dass Konfitüre nur 5–7 Minuten kochen muss, damit sie besonders intensiv nach frischen Früchten schmeckt. Das war eine unbezahlbare Lektion und hat meine Art, Konfitüre zu kochen, verändert.

CLAIRE

1. Verrühren Sie Himbeeren und Zucker und lassen Sie alles über Nacht durchziehen.
2. Erhitzen Sie die Mischung unter behutsamem Rühren in einem Topf. Sobald die Früchte anfangen aufzukochen, sollten sie nur noch 5–7 Minuten kochen.
3. Füllen Sie sie in eine Schale oder sterilisierte Gläser ab.
4. Die Konfitüre wird fester, wenn sie abkühlt.

TIPP

- Wegen des hohen Körnchenanteils enthalten die Früchte viel natürliches Pektin, sodass die Konfitüre fest wird. Andere Früchte können auch nach dieser Methode zubereitet werden, benötigen aber möglicherweise zusätzlich Pektin. Sie können auch Gelierzucker mit Pektin verwenden.

# Geschmortes Quittenkompott

Lecker zu Käse nach dem Essen und viel leichter zuzubereiten als Membrillo (eine traditionelle spanische Quittenpaste, die stundenlang gekocht wird).

Ergibt 1 Liter
Vorbereitungszeit: 15 Minuten
Garzeit: ca. 1 Stunde 40 Minuten
❤ WF GF MF V

3 **Quitten**
1 **Lorbeerblatt**
1 lange **Zitronenzeste**
½ **Vanillestange**, längs halbiert
250 ml **Wasser**
250 g **grober Zucker**

1. Heizen Sie den Backofen auf 200 °C/Gas Stufe 6 vor.
2. Schälen und vierteln Sie die Quitten (entfernen Sie das Kerngehäuse nicht, ehe sie geschmort sind, denn es lässt sich später leicht beseitigen). Legen Sie sie in einen Bräter, der etwas Platz um die Früchte lässt.
3. Geben Sie Lorbeerblatt, Zitronenzeste und Vanillestange zu und bedecken Sie alles mit Wasser und Zucker. Decken Sie den Bräter mit Alufolie ab und backen Sie die Früchte 1 Stunde.
4. Nehmen Sie die Alufolie ab, reduzieren Sie die Temperatur auf 170 °C/Gas 3½, wenden Sie die Quitten und backen Sie sie weitere 35–40 Minuten. Das Kompott ist fertig, wenn es tiefrosarot und der Sirup eingedickt ist.
5. Entfernen Sie die Gehäuse der Quitten, wenn sie abgekühlt sind.

TIPPS

- Kleine gegarte Quittenstückchen können für Crumbles und Crisps (siehe Seite 128–133) oder dünn geschnitten für eine Tarte verwendet werden.
- Servieren Sie das Kompott mit einer Pannacotta oder einer anderen cremigen Nachspeise.
- Servieren Sie das Kompott zum Frühstück mit Joghurt.

# Kompott aus Trockenfrüchten

Getrocknete Sauerkirschen und Aprikosen lassen sich im Winter gut zu einem Nachtisch aufpeppen, wenn es kaum andere Früchte gibt. Das Kompott ist würzig, herb und süß. Servieren Sie es als Beilage zum Klementinen-Polenta-Kuchen (S. 89) oder mit einem Löffel griechischen Joghurt.

Ergibt 1 Liter
Vorbereitungszeit: 5 Minuten
Garzeit: 10 Minuten + 30 Minuten Ruhezeit
❤ WF GF MF V

200 g **Feinstzucker**
100 ml **Wasser**
½ **Zimtstange**
½ **Vanillestange**, längs halbiert
1 **Orange**
200 g **getrocknete Aprikosen**, geviertelt
100 g **getrocknete Sauerkirschen**

1. Mischen Sie in einem Topf Zucker, Wasser, Zimt, Vanillestange und die abgeriebene Schale der halben Orange. Bringen Sie die Mischung unter gelegentlichem Rühren langsam zum Kochen, bis der Zucker sich aufgelöst hat.
2. Geben Sie Aprikosen und Sauerkirschen zu. Fügen Sie den Saft der ganzen Orange zu und verrühren Sie alles. Nehmen Sie den Topf vom Herd. Decken Sie den Topf mit dem Deckel ab und lassen Sie die Früchte eine ½ Stunde ziehen.

TIPPS

- Dieses Kompott passt großartig zu Porridge.
- Wenn Sie Zimt und Kirschen weglassen, erhalten Sie ein Vanille-Aprikosen-Kompott.
- Geben Sie Sultaninen und eine Kardamomkapsel zu.

Kompott aus Trockenfrüchten (oben) und Geschmortes Quittenkompott (unten)

# BÄCKER, DIE WIR LIEBEN

## MAGGIE LEVINGER

Maggie Levinger und ich haben in Kalifornien in derselben Stadt gelebt. Sie kommt aus einer Großfamilie mit acht Kindern, und als Jugendliche verbrachte ich viel Zeit bei ihr zu Hause. Maggie veranstaltete im Ort Kuchenbasare und war deshalb schon früh eine lokale Berühmtheit.

Jahre später, als man bei ihrer Mutter Krebs diagnostizierte, suchte Maggie nach gesünderen Alternativen zu den traditionellen Süßigkeiten. Sie beschäftigte sich mit Vollwerternährung und arbeitete als Chefköchin in einem revolutionären Rohkostrestaurant in Kalifornien. Heute betreibt sie mit ihrem Partner Luke das Wild West Ferments in Marin County – sie bauen selbst Nahrungsmittel an, machen Sauerkraut und legen Gemüse ein.

Vor Kurzem kamen beide nach London und stellten ihren Wohnwagen eine Woche vor unserem Haus ab. Das war perfektes Timing: Ich steckte in einer Entschlackungskur, und ihre Kenntnisse über alternative Nahrungsmittel und die Zubereitung von Rohkost waren eine Erleuchtung.

Maggie war bei einigen Rezepten für dieses Buch eine große Hilfe. Sie ist eine brillante Köchin und hat ein umfangreiches Wissen über vollwertige Zutaten. Rezepte wie Haselnuss- und Kürbiskernmilch (Seite 56), Schoko-Haselnuss-Kügelchen (Seite 71), Cashewriegel mit Aprikosen & Pistazien (Seite 80), Choco-Chips-Cookies (Seite 184) und Kokoseis (Seite 170) tragen ihre Handschrift.

CLAIRE

GEGENÜBERLIEGENDE SEITE: EINIGE TREUE SEELEN IM LEON – OLD COMPTON STREET, 2011

Quest

# FEI

# ERN

# Pfannkuchen

Wichtig ist, die Pfannkuchen so hoch wie möglich zu werfen, ohne dass sie an der Decke kleben bleiben.

Ergibt ca. 20 Pfannkuchen
Vorbereitungszeit: 1 Stunde 10 Minuten
Garzeit: 3 Minuten
❤ ✓ V

REZEPT GETESTET VON LUCY & BEANE

100 g **Dinkelmehl**
1 Prise **Salz**
1 **Bio-Ei**
200 ml **Vollmilch**
50 ml **Ale** oder **Lagerbier**
**Butter** für die Pfanne
**Zitronensaft** und **Feinstzucker** zum Servieren

1. Geben Sie Mehl und Salz in eine große Schüssel.
2. Rühren Sie das Ei von der Mitte zum Rand hin im Uhrzeigersinn ein.
3. Fügen Sie die Milch zu und verrühren Sie alles zu einem glatten Teig.
4. Gießen Sie den Teig in einen Messbecher und rühren Sie das Bier unter. Stellen Sie den Teig mind. 1 Stunde kalt.
5. Erhitzen Sie eine beschichtete Pfanne und geben Sie etwas Butter zu. Rühren Sie den Teig kurz durch und geben Sie eine kleine Menge in die Pfanne. Schwenken Sie die Pfanne, um den Teig darin gleichmäßig dünn zu verteilen.
6. Backen Sie ihn ca. 1 Minute, bis er Blasen wirft. Lösen Sie den Pfannkuchen mit einem Pfannenwender und wenden Sie ihn, indem Sie ihn hochwerfen. Backen Sie den Pfannkuchen ca. 1 weitere Minute. Lassen Sie ihn auf einem Teller abkühlen.
7. Träufeln Sie Zitronensaft über die Pfannkuchen und bestreuen Sie sie mit Zucker. Falten Sie sie zu Dreiecken oder rollen Sie sie auf.

TIPPS

- Wichtig ist, den Teig ruhen zu lassen. Versuchen Sie nicht, diesen Schritt zu überspringen.
- Statt Feinstzucker können Sie auch Agavendicksaft verwenden. Das Dinkelmehl können Sie nach Belieben durch Weizenmehl ersetzen. Und natürlich können Sie Wasser statt Bier nehmen.

# Simnel Cake

Auch dieses Kuchenrezept stammt von Petra (siehe Seite 274). Simnel Cake gehört zur englischen Ostertradition. Fast alle sind sich einig, dass die Marzipanbällchen auf dem Kuchen die Jünger darstellen, aber es gibt unterschiedliche Ansichten darüber, wie viele es sein sollten: elf, wenn man den Verräter Judas ausschließt, zwölf, wenn man ihn dazuzählt, oder 13, wenn man Jesus miteinschließt. Petras selbst gemachtes Marzipan ist so gut, dass wir 13 empfehlen.

Für 10–12 Personen
Vorbereitungszeit: 1 Stunde
Garzeit: 3½ Stunden

Rezept getestet von James

*Für das Marzipan:*
450 g **Puderzucker**
450 g **gemahlene Mandeln**
2 **Bio-Eier**
1 TL **Zitronensaft**
2 Tropfen **Bittermandelaroma**

*Für den Kuchen:*
225 g **Weizenmehl**
½ TL **Salz**
¼ TL frisch geriebene **Muskatnuss**
½ TL **gemahlener Zimt**
¼ TL **Piment**
175 g **Butter**
175 g **Demerara-Zucker**
2 EL **dunkler Zuckerrübensirup** oder **Melasse**
3 **Bio-Eier**
450 g **Korinthen**
300 g **Sultaninen**
120 g **Orangeat** und **Zitronat**
abgeriebene Schale und Saft von 1 **Zitrone**
50 g **gemahlene Mandeln**
150 ml **Vollmilch**
etwas **Aprikosenkonfitüre**
1 **Bio-Ei**, leicht verquirlt, zum Bestreichen

1. Sieben Sie für das Marzipan den Puderzucker in eine Schüssel und geben Sie Mandeln, Eier, Zitronensaft und Bittermandelaroma zu. Formen Sie alles zu einer Kugel und kneten Sie diese leicht. Teilen Sie die Kugel in drei Teile und wickeln Sie diese in Frischhaltefolie.
2. Heizen Sie den Backofen auf 150 °C/Gas Stufe 2 vor. Fetten Sie eine runde Backform (20 cm Ø) mit Butter ein und legen Sie sie mit Backpapier aus.
3. Sieben Sie Mehl, Salz und Gewürze zusammen und stellen Sie sie beiseite.

4. Verrühren Sie Butter, Zucker und Sirup zu einem luftigen Teig. Fügen Sie die Eier einzeln zu und arbeiten Sie bei jeder Eizugabe etwas von der Mehlmischung ein. Rühren Sie das restliche Mehl ein und heben Sie Korinthen, Sultaninen Orangeat und Zitronat, Zitronenschale und -saft sowie Mandeln unter. Gießen Sie die Milch zu und vermischen Sie alles.

5. Rollen Sie eine Marzipankugel zu einem Kreis (20 cm Ø) aus. Geben Sie die Hälfte des Teigs in die Form. Glätten Sie die Oberfläche und legen Sie den Marzipankreis darauf. Füllen Sie den restlichen Teig in die Form.

6. Backen Sie den Kuchen 3½ Stunden im Ofen, bis ein Holzstäbchen, das Sie hineinstechen, sauber bleibt.

7. Bestreichen Sie die Oberseite des abgekühlten Kuchens mit etwas erwärmter Konfitüre. Rollen Sie eine weitere Marzipankugel zu einem Kreis aus, legen Sie diesen auf den Kuchen. Ritzen Sie ein Gittermuster in die Oberfläche und bestreichen Sie diese mit etwas Ei.

8. Schalten Sie den Backofengrill ein. Teilen Sie die letzte Marzipankugel in 11 Bällchen und belegen Sie damit den Kuchen. Bestreichen Sie die Bällchen mit Ei und stellen Sie den Kuchen einige Minuten unter den Grill, bis er gebräunt ist.

TIPPS

- Petra sieht vor dem Zubereiten des Kuchens alle Korinthen durch und entfernt die Stiele.
- Wenn Ihr Ofen zu stark backt, legen Sie die Form mit einer doppelten Lage Backpapier aus, sodass der Kuchen nicht zu dunkel wird.
- Schwangere oder ältere Personen sollten von diesem Kuchen nicht essen, da die für die Marzipanherstellung verwendeten Eier nicht richtig gegart werden.

# Hot Cross Buns aus Dinkel

Diese gesunden und köstlichen Brötchen sind etwas weniger süß als die meisten Hot Cross Buns, aber genauso festlich. Toasten Sie sie und bestreichen Sie sie dick mit Butter – oder mit Kokosfett, wenn Sie keine Milchprodukte vertragen. Sie können den Teig am Vortag zubereiten, ihn über Nacht in den Kühlschrank stellen und dann am Ostersonntag backen.

Ergibt 12 Stück
Vorbereitungszeit: 50 Minuten + 3½–3¾ Stunden Zeit zum Gehen
Garzeit: 15 Minuten
❤ ✓ MF V

2 Päckchen **Trockenhefe**
200 ml **Agavendicksaft**
200 ml **Reismilch**, leicht erwärmt, plus zusätzlich Reismilch zum Bestreichen
250 g **kräftiges Vollkorndinkelmehl**
250 g **Dinkelmehl**
1 TL **Salz**
½ TL **gemahlener Piment**
½ TL frisch geriebene **Muskatnuss**
1 TL **gemahlener Zimt**
75 g **Korinthen**
75 g **Sultaninen**
abgeriebene Schale von 1 **Orange**
1 **Bio-Ei** oder **Ei-Ersatz**
50 g **Kokosfett**, zerlassen

*Für die Kreuze:*
70 g **kräftiges Dinkelmehl**
1 EL **Wasser**

*Für die Glasur:*
75 ml **Wasser**
100 ml **Agavendicksaft**

1. Heizen Sie den Backofen auf 220 °C/Gas Stufe 7 vor und legen Sie zwei Backbleche mit Backpapier aus.
2. Lösen Sie die Hefe mit dem Agavendicksaft in der Reismilch auf und stellen Sie alles beiseite.
3. Vermischen Sie beide Mehlsorten, Salz, Gewürze, Korinthen, Sultaninen und Orangenschale.
4. Geben Sie das Ei oder den Ei-Ersatz und das Kokosfett zu der Milchmischung und gießen Sie alles über die trockenen Zutaten. Verrühren Sie alles zu einem glatten Teig und lassen Sie diesen ca. 20 Minuten ruhen.
5. Kneten Sie den Teig auf einer bemehlten Arbeitsfläche 10–12 Minuten, bis er geschmeidig ist. Stellen Sie den Teig mit einem Tuch bedeckt in einer Schüssel ca. 3 Stunden an einen warmen Ort, bis sich sein Volumen verdoppelt hat.

6. Teilen Sie den Teig in 12 Portionen. Formen Sie jede Portion zu einer Kugel und legen Sie diese in einem Abstand von 2 cm auf das Blech. Lassen Sie die Brötchen auf dem Blech nochmals 30–45 Minuten gehen und bestreichen Sie sie dann mit etwas Reismilch.
7. Verrühren Sie für die Kreuze Mehl und ca. 1 Esslöffel Wasser zu einer Paste und spritzen Sie diese mithilfe eines Spritzbeutels mit kleiner runder Tülle kreuzförmig auf jedes Brötchen. Backen Sie die Brötchen ca. 15 Minuten, bis sie goldgelb sind.
8. Erhitzen Sie für die Glasur Wasser und Agavendicksaft in einem kleinen Topf.
9. Sobald die Brötchen aus dem Ofen kommen, bestreichen Sie sie mit der Glasur. Servieren Sie sie warm oder getoastet mit Ihrem Lieblingsaufstrich.

# OSTER-EIER

Wenn Sie die Kunst des Temperierens von Schokolade beherrschen (siehe Seite 44), eröffnet sich Ihnen eine ganz neue Welt von Osteraktivitäten.

Wenn Sie die Zeit haben, kaufen Sie sich einige Formen und Farben und verbringen Sie einen Tag damit, Ihre eigenen Ostereier herzustellen. Sie können auch Muster oder Bilder in die Formen malen, ehe Sie sie mit Schokolade füllen. Vor allem Kinder lieben es, ihre eigenen Eier zu entwerfen.

WARNUNG: DAS IST EINE SEHR KLEBRIGE ANGELEGENHEIT.

# Eccles Cakes

Diese Küchlein aus Lancashire sind eine urbritische Gaumenfreude. Doch sie wurden von den Puritanern verbannt, da sie unkeusche Gefühle erwecken sollen.

Ergibt 12 Stück
Vorbereitungszeit: 15 Minuten + 1 Stunde Kühlzeit
Garzeit: 25 Minuten
V

125 g **Butter**
320 g **brauner Zucker**
450 g **Korinthen**
2 TL **gemahlener Zimt**
½ TL frisch geriebene **Muskatnuss**
abgeriebene Schale von 1 **Orange**
375 g **Blätterteig**
1 **Bio-Ei** oder **Eigelb** zum Bestreichen
1 EL **Schlagsahne**

1. Zerlassen Sie die Butter mit Zucker, Korinthen, Zimt, Muskatnuss und Orangenschale.
2. Lassen Sie die Masse mind. 1 Stunde abkühlen. Formen Sie 12 Bällchen daraus.
3. Rollen Sie den Blätterteig aus und schneiden Sie ihn in 10 cm x 10 cm große Quadrate. Geben Sie auf jedes Teigstück ein Bällchen Füllung, schlagen Sie die Teigecken über die Füllung und drücken Sie sie fest an.
4. Legen Sie die Küchlein mit der Nahtseite nach unten auf ein mit Backpapier ausgelegtes Blech und stellen Sie sie 10 Minuten kalt. Heizen Sie den Backofen auf 180 °C/Gas Stufe 4 vor.
5. Verquirlen Sie Ei und Sahne und bestreichen Sie die Küchlein damit. Schneiden Sie drei kleine Löcher in das Gebäck. Backen Sie die Küchlein ca. 20–25 Minuten, bis sie goldgelb sind. Lassen Sie sie auf einem Kuchengitter auskühlen.

TIPPS

- Diese Küchlein schmecken hervorragend zu Lancashire-Käse. Daher auch der Spruch (Foto rechts), den uns Fred beigebracht hat: „Eccles ohne Käse sind wie ein Kuss ohne Drücken!“
- Sie können auch etwas Rum in die Korinthenmischung geben. Damit machten die Bewohner von Lancashire die Küchlein im frühen 19. Jahrhundert haltbar.

FRED VERLIERT SEINEN ERSTEN ZAHN, 1975

Nicht nur die Engländer feiern den Georgstag. Er ist unter anderem auch der Schutzpatron von Georgien und Katalonien sowie der Stadt Freiburg.

An eccles cake without the cheese is like a kiss without the squeeze!

hAPPY
MOTh.
ER'S

# Bill Grangers Rührei auf Dinkeltoast

Dieses Rezept ist einfacher zuzubereiten als die traditionelle Version, bei der man die Eier langsam stocken lässt, damit sie cremig bleiben. Bills Rühreier werden ähnlich wie Pfannkuchen zubereitet, nur dass die Eier verrührt werden, ehe sie sich setzen. Servieren Sie das Rührei auf gebuttertem Dinkeltoast (siehe Seite 193) und Ihre Mutter (oder die Mutter Ihrer Kinder) wird Ihnen ewig dankbar sein.

Für 1 verdienstvolle Frau am Muttertag (großzügig bemessen)
Vorbereitungszeit: 2 Minuten
Garzeit: 5 Minuten
✓ WF GF

2 sehr frische **Bio-Eier**
80 g **Crème double**
1 Prise **Salz**
10 g **Butter**

1. Verrühren Sie Eier, Sahne und Salz in einer Schüssel.
2. Zerlassen Sie die Butter in einer beschichteten Pfanne bei starker Hitze, aber lassen Sie sie nicht anbrennen.
3. Gießen Sie die Eimasse hinein und lassen Sie sie 20 Sekunden stocken, bis sie sich leicht an den Rändern absetzt.
4. Rühren Sie die Eimasse mit einem Holzlöffel, indem Sie sie vorsichtig vom Rand in die Mitte schieben.
5. Die Eimasse sollte eher gefaltet als zerhackt werden.
6. Lassen Sie die Eier 20 Sekunden stocken und wiederholen Sie das „Falten".
7. Sobald die Eier gerade gestockt sind (sie garen weiter, auch wenn sie ruhen), geben Sie sie auf einen Teller und servieren Sie sie mit heißem Dinkeltoast.

TIPPS

- Wenn Sie mehr als zwei Portionen Rührei machen, sollten Sie diese in mehreren Arbeitsgängen zubereiten.
- Für das tägliche Frühstück nimmt Bill Milch statt Crème double. Aber das ist eigentlich eine Schande.

Bill Granger ist ein australischer Küchenchef mit einem Lächeln, das ganz Cardiff mit Strom versorgen könnte. Ich hatte das Glück, mit ihm auf dem Abergavenny Food Festival eine Kochvorführung zu geben, wo er mir beibrachte, wie man diese Eier zubereitet. Er entdeckte diese Methode zufällig, als er in seinem Restaurant in Sidney etwas zu schnell Rührei machen wollte.

HENRY

Bill in Melbourne, 1977

# Glenys' Desperate-Dan-Pie

Henrys Nachbarin Glenys serviert ihrem Mann Andy diese einfache altmodische Pie, wenn sie ihn richtig verwöhnen will. Hörner gibt es nach Belieben dazu.

Für 6 Personen
Vorbereitungszeit: 20 Minuten + Abkühlzeit
Garzeit: 2¾ Stunden
✓
REZEPT GETESTET VON: HATTIE

**Olivenöl** oder **Pflanzenöl**
1,3 kg **Rinderhack**, gewürfelt
6 **Zwiebeln**, gehackt
8 **Lorbeerblätter**
900 ml **Newcastle Brown Ale** oder ein anderes **süßes Bier**
**Meersalz** und frisch gemahlener **schwarzer Pfeffer**
375 g **fertig ausgerollter Blätterteig**
(oder **Halbblätterteig,** siehe Seite 38)
1 **Bio-Ei**, verquirlt, zum Bestreichen

1. Heizen Sie den Backofen auf 160 °C/Gas Stufe 3 vor.
2. Erhitzen Sie etwas Öl in einem Bräter. Bräunen Sie das Rindfleisch darin rundum an – gegebenenfalls portionsweise – und stellen Sie es beiseite.
3. Geben Sie noch etwas Öl in den Bräter, fügen Sie die Zwiebeln zu und bräunen Sie sie leicht.
4. Geben Sie die Lorbeerblätter und dann das Fleisch in den Topf.
5. Gießen Sie das Bier zu und würzen Sie alles kräftig mit Salz und Pfeffer.
6. Lassen Sie die Mischung 2 Stunden im Ofen garen. Rühren Sie dabei alle 45 Minuten um. Wenn das Fleisch zu trocken wird, gießen Sie mehr Bier zu.
7. Wenn das Fleisch zart ist, nehmen Sie es aus dem Ofen, lassen Sie es abkühlen und schmecken Sie es nochmals ab.
8. Heizen Sie den Backofen auf 160 °C/Gas Stufe 3 vor. Geben Sie die Fleischmischung in eine Pie-Form und bedecken Sie sie mit dem Blätterteig. Drücken Sie den Teig an den Rändern fest an. Nach Belieben können Sie aus dem restlichen Blätterteig einen Kuhkopf oder Hörner formen.
9. Bestreichen Sie die Pie mit dem verquirlten Ei.
10. Backen Sie die Pie 40 Minuten, bis der Teig goldbraun ist und der Saft köchelt.

TIPPS

- Sie können die Fleischfüllung gut einige Zeit vor dem Backen zubereiten.
- Bereiten Sie die doppelte Menge der Füllung zu und frieren Sie die Hälfte ein. Dann tauen Sie diese nur auf, wenn Sie schnell eine Pie machen möchten.
- Alternativ können Sie auch Pilze und/oder eine Dose gehackte Tomaten zugeben.

Glenys in Cynwyd, Nordwales, 1968

# DESPERATE DAN PIE

# Brunos pochierte Erdbeeren mit Grüner-Pfeffer-Eiscreme

Viele schwärmen davon, wie toll Erdbeeren mit Pfeffer schmecken – und das tun sie auch –, aber ohne Zucker und Sahne fehlt etwas. Dieses Rezept vom Meisterkoch Bruno Loubet verbindet alle vier Zutaten zu einem sensationellen Nachtisch. Servieren Sie ihn Ihren Freunden, wenn sie das Endspiel in Wimbledon anschauen.

Für 4 Portionen
Vorbereitungszeit: 2 Stunden
Gefrierzeit: 1–3 Stunden
WF GF V

*Für die Erdbeeren:*
1 Schale **Erdbeeren** (ca. 450 g)
250 ml **Wasser**
100 g **Feinstzucker**

*Für die Eiscreme:*
3 **Eigelb** von **Bio-Eiern**
40 g **Feinstzucker**
125 ml **Vollmilch**
125 g **Crème double**
½ **Vanillestange** oder 3 Tropfen **Vanillearoma**
2 TL **grüne Pfefferkörner** in Salzlake, abgespült und getrocknet
1 TL **heller Zuckerrübensirup**

Bruno Loubet war mein erster Chef. Damals war er Küchenchef des Four Seasons am Hyde Park Corner, dem ersten Hotel in Großbritannien, das ein Michelin-Sterne-Restaurant hatte. Ich war ein einfacher Jungkoch. Bruno schien immer auf der richtigen Seite von Stolz und Arroganz zu stehen. Wir waren ihm absolut ergeben. Er ist einer der kreativsten Küchenmeister seiner Generation. Dies ist nur eine seiner wundervollen Schöpfungen.

HENRY

1. Pürieren Sie 250 g Erdbeeren in einer Küchenmaschine oder in einem Mixer. Streichen Sie das Püree durch ein Sieb und stellen Sie es beiseite.
2. Erhitzen Sie Wasser und Zucker unter Rühren in einem Topf, bis der Zucker aufgelöst ist. Bringen Sie die Mischung zum Kochen und lassen Sie sie 2 Minuten kochen. Gießen Sie den Sirup in eine Schüssel, fügen Sie die übrigen Erdbeeren und das Erdbeerpüree zu und verrühren Sie alles behutsam.
3. Legen Sie einen Teller auf die Mischung, damit die Erdbeeren vom Sirup vollständig bedeckt bleiben, und lassen Sie sie abkühlen. Stellen Sie sie anschließend in den Kühlschrank.
4. Verrühren Sie in einer großen Schüssel Eigelb und Zucker, bis die Mischung hell und cremig ist.
5. Erhitzen Sie Milch, Crème double und Vanillestange in einem Topf (falls Sie Vanillearoma benutzen, fügen Sie es am Ende zu), bis die Milch kocht. Rühren Sie die Milch in die Eigelbmischung. Geben Sie alles zurück in den Topf. Erhitzen Sie die Mischung unter Rühren bei mittlerer Hitze, bis die Creme eindickt und an einem Löffel haften bleibt. Lassen Sie die Creme nicht aufkochen.

Bruno und sein Hund, 1969

6. Passieren Sie die Creme schnell durch ein Haarsieb in eine kalte Schale. Falls Sie Vanillearoma verwenden, geben Sie es jetzt dazu. Wenn die Creme kalt ist, decken Sie sie ab und stellen Sie sie in den Kühlschrank.
7. Rühren Sie die Creme mit Pfefferkörnern und Sirup in einem Mixer glatt. Gießen Sie die Mischung in eine Eismaschine und folgen Sie den Angaben des Herstellers.
8. Nehmen Sie die Erdbeeren mit einem Schaumlöffel aus dem Sirup und geben Sie sie in eine Schüssel. Gießen Sie den Sirup durch ein Sieb über die Beeren.
9. Servieren Sie die Eiskugeln in Schälchen und verteilen Sie die Erdbeeren und den Sirup darauf.

TIPP

Diesen Nachtisch kann man gut einen Tag im Voraus zubereiten. Die Erdbeeren werden noch besser, wenn sie länger durchziehen, und Sie sind sicherlich vor dem Tennisspiel zu aufgeregt, um noch lange am Herd zu stehen.

# Halloween-Kekse

Nehmen Sie das Rezept von Seite 176 als Grundlage und fügen Sie entweder einen ½ Teelöffel Lebkuchengewürz zu, um den Keksen ein herbstliches Aroma zu verleihen, oder verwenden Sie 60 g Kakaopulver statt 60 g Mehl.

*Für jede Farbglasur:*
**Puderzucker**
1 EL **Wasser**
einige Tropfen **Lebensmittelfarbe** (Farben nach Ihrer Wahl)
**Zuckerguss aus der Tube** zum Bemalen

1. Bereiten Sie verschiedenfarbige Glasuren zu. Verrühren Sie dazu Puderzucker, Wasser und Lebensmittelfarbe in einer Schüssel, bis die Glasur dick und glatt ist (aber nicht zu flüssig).
2. Nehmen Sie die Glasuren als Hintergrund und den Zuckerguss aus der Tube für die Details – lassen Sie Ihrer Fantasie freien Lauf.

ANITA (RECHTS) UND BRIDGET, WILLOUGHBY HALL, NOTTINGHAM UNIVERSITY, 1987

MATT (RECHTS) UND NEIL, WALLINGTON, 1981

Anita backt diese Plätzchen jedes Jahr an Halloween mit ihrer Familie. Sie und ihr Ehemann Matt verzieren die Kekse zuerst mit ihren Kindern, wenn diese aber im Bett sind, machen Anita und Matt bis in die Nacht weiter. Sie überbieten sich dann gegenseitig mit gruseligen und albernen Dekorationen. Eine unterhaltsame Nacht für die „Kinder".

HENRY

# Butterscotch-Äpfel

Eine weichere Variante des kandierten Apfels – und etwas zahnfreundlicher.

Ergibt 6 Stück
Vorbereitungszeit: 5 Minuten
Garzeit: 10 Minuten + 15 Minuten Abkühlzeit
WF GF V

6 mittelgroße **Äpfel**
90 g **Butter**
150 g **Feinstzucker**
2 EL **Rohrzucker**
120 g **Crème double**
100 ml **heller Zuckerrübensirup**
1 Prise **Salz**
Sie brauchen außerdem 1 cm dicke **Holzspieße**

1. Waschen und trocknen Sie die Äpfel. Stechen Sie jeweils einen Holzspieß am Stielansatz in die Äpfel. Legen Sie ein Backblech mit Backpapier aus.
2. Rühren Sie Butter, Feinstzucker, Rohrzucker, Crème double und Sirup bei mittlerer Hitze in einem kleinen Topf, bis sich der Zucker aufgelöst hat und eine glatte Masse entstanden ist.
3. Lassen Sie die Mischung aufkochen und kochen Sie sie weiter, bis sie goldgelb ist.
4. Nehmen Sie den Topf vom Herd und rühren Sie schnell das Salz hinein. Stoppen Sie den Garprozess, indem Sie den Topf in ein Spülbecken mit eiskaltem Wasser tauchen. Lassen Sie die Butterscotch-Masse 15 Minuten auf einem Untersetzer abkühlen (das verhindert, dass sie später an den Seiten runterläuft).
5. Tauchen Sie die Äpfel in die Butterscotch-Masse und legen Sie sie auf das vorbereitete Backblech. Lassen Sie die Äpfel abkühlen und fest werden.

TIPP

- Falls die Butterscotch-Masse herunterläuft, lassen Sie die Äpfel leicht abkühlen und tauchen Sie sie noch einmal ein.

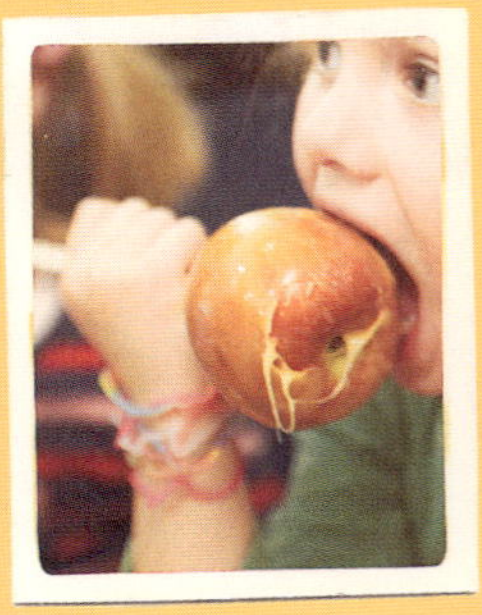

# Glühwein

Würzig und süß, aber mit klaren Geschmacksnuancen.

Ergibt 1,5 Liter
Vorbereitungszeit: 5 Minuten
Garzeit: 10 Minuten
❤ WF GF MF V

2 Flaschen **trockener Rotwein**
200 g **Feinstzucker**
1 **Zimtstange**
2 **Gewürznelken**
1 **Sternanis**
1 breite **Zitronenzeste**
1 breite **Orangenzeste**, plus zusätzlich Orangenschale zum Servieren

1. Erhitzen Sie den Wein mit Zucker und Gewürze in einem großen Topf bei mittlerer Hitze. Lassen Sie ihn nicht aufkochen, er sollte aber dampfen und die Gewürze ihr Aroma entfalten. Geben Sie Zitronen- und Orangenzeste zu.
2. Lassen Sie den Wein ca. 10 Minuten köcheln und rühren Sie dabei gelegentlich um, sodass sich der Zucker auflöst.
3. Servieren Sie den Glühwein mit einer Orangenschalenspirale.

TIPPS

- Alternativ können Sie auch Klementinen verwenden.
- Mit einem großzügigen Schuss Weinbrand wird der Glühwein noch besser.
- Dieser Glühwein ist nicht sehr süß (wir lieben ihn so), doch Sie können noch etwas Zucker zugeben, wenn Sie es süßer mögen.

Ich kam auf dieses Rezept, als Henry und Mima in ihrem Haus eine Weihnachtsparty für die Nachbarschaft gaben. Sie haben eine wundervolle Sammlung von Gewürzen in ihrer Küche, und so war es ein Kinderspiel. Die letzten Nachbarn stolperten um 2 Uhr früh hinaus.

CLAIRE

# Kürbis-Pie

Eine warme, sehr würzige Variante des Thanksgiving-Klassikers.

Für 8–10 Personen
Vorbereitungszeit: 25 Minuten
Garzeit: 35 Minuten
❤ V

REZEPT GETESTET VON JACKIE & AMY

450 g **Kürbispüree** (Fertigprodukt oder siehe Tipps)
3 **Bio-Eier**
100 g **Crème double**
150 g **Rohrzucker**
1 TL **gemahlener Zimt**
½ TL **gemahlener Ingwer**
½ TL **gemahlener Sternanis**
½ TL **gemahlener Piment**
1 TL **Meersalz**
3 EL **Ahornsirup**
fein geriebener **frischer Ingwer** (nach Belieben)
**schwarzer Pfeffer** (nach Belieben)
1 Portion **Mürbeteig** (siehe Seite 38) oder
250 g **fertiger süßer Mürbeteig**

1. Heizen Sie den Backofen auf 180 °C/Gas Stufe 4 vor.
2. Verrühren Sie alle Zutaten bis auf den frischen Ingwer in einer großen Schüssel. Die Pie wird umso weicher, je feiner die Kürbisfüllung ist; streichen Sie die Füllung daher durch ein feines Sieb.
3. Schmecken Sie die Füllung ab. Sie können jetzt nach Belieben etwas Ingwer und eine gute Prise schwarzen Pfeffer zugeben.
4. Rollen Sie den Teig so dünn wie möglich aus und legen Sie damit eine Springform (23 cm Ø) aus. Schneiden Sie den überstehenden Teig ab. Gießen Sie die Füllung in die Form und backen Sie die Pie ca. 35 Minuten, bis die Füllung gerade gestockt ist.
5. Lassen Sie die Pie auskühlen und servieren Sie sie mit einer großen Portion Sahne, die mit Vanillezucker steif geschlagen ist.

TIPPS

- Um selbst Kürbispüree herzustellen, halbieren Sie einen kleinen Speisekürbis und backen ihn mit der Schnittseite nach unten im Backofen. Wenn er weich ist, schaben Sie das Fruchtfleisch aus und pürieren es.
- Falls der Kürbis nicht süß genug ist, nehmen Sie etwas frisch pürierten Butternut-Kürbis oder etwas mehr Zucker.

Thanksgiving ist den Amerikanern heilig, weil es ein Fest ohne Geschenkezwang ist und weil es darum geht, das Brot mit Familie und Freunden und oft auch mit Fremden zu brechen. Dieses Rezept wurde im Kleingärtner-Blog des „Guardian“ veröffentlicht, nachdem ich es für ein Thanksgiving-Dinner in England zubereitet hatte.

CLAIRE

# Kamals Reispudding

Dieser duftende libanesische Reispudding wird traditionell an Weihnachten oder zur Geburt eines Kindes serviert. Unser Freund Kamal Mouzawak, ein berühmter libanesischer Koch, hat uns gezeigt, wie er zubereitet wird.

Für 8 Personen
Vorbereitungszeit: die Nüsse über Nacht einweichen
Garzeit: 30 Minuten
❤ WF GF MF V

Rezept getestet von Jackie & Amy

- 50 g **ganze Mandeln** (ungeschält)
- 50 g **Pistazien**
- 1,8 l **Wasser**
- 150 g **Reismehl**
- 300 g **Zucker**
- 1 EL **Kümmel**
- 1½ TL **gemahlener Zimt**
- 1½ TL **gemahlener Anis**

Kamal zu Hause in Jeita, Weihnachten, 1975

1. Weichen Sie Mandeln und Pistazien in separaten Schüsseln mit Wasser über Nacht ein. Schälen und halbieren Sie sie am folgenden Tag.
2. Kochen Sie 1,6 Liter Wasser in einem mittelgroßen Topf auf. Mischen Sie Reismehl, Zucker, Gewürze und das restliche Wasser sorgfältig in einer Schüssel und rühren Sie dann die Mischung in das kochende Wasser.
3. Reduzieren Sie die Hitze, rühren Sie gut um und bringen Sie alles wieder zum Kochen. Lassen Sie die Mischung ca. 20 Minuten kochen, bis sie eindickt. Rühren Sie dabei ständig mit einem Holzlöffel, damit der Pudding nicht am Topfboden anbackt.
4. Geben Sie den Pudding in Servierschalen und lassen Sie ihn abkühlen. Garnieren Sie jede Schale mit Mandeln und Pistazien.

Die Hauptattraktion an Weihnachten bei meinen Großeltern war der Reispudding (Meghli) und der Adonis-Garten. Meghli wird traditionell zur Geburt eines Kindes serviert und von den beiden Großmüttern zubereitet. In den libanesischen Bergregionen wurde daraus auch ein Weihnachtsschmaus. Man sagt, dass der braune Pudding die reiche, fruchtbare Erde symbolisiert und dass die Nüsse Samen darstellen, die sprießen und gedeihen sollen.

Der Adonis-Garten (siehe gegenüberliegende Seite) ist eine selbst gebastelte Weihnachtskrippe, die mit sprießenden Samen dekoriert wird. An Berbera (unserem Äquivalent zu Halloween am 5. Dezember) stellen wir die Krippenszene zusammen, setzen ein Jesuskind in eine Höhle, fügen nasse Wattebäusche hinzu und pflanzen darauf Samen (Weizen, Linsen, Kichererbsen). Bis Weihnachten ist aus den Samen eine kleine Rasenfläche gesprossen. Eigentlich ist diese Weihnachtstradition heidnischen Ursprungs: Die Frauen aus Athen feierten mit diesem Garten ursprünglich den Lebenszyklus des Gottes Adonis, der aus Phönizien (dem heutigen Libanon) stammen soll.

KAMAL

# Jossys Orangen-Mince-Pies

Meine Mutter, Josceline Dimbleby, schrieb das erste Supermarkt-Kochbuch für Weihnachten. Ich treffe oft Leute, die immer noch ihre Mince-Pies und ihren Christmas Pudding nachbacken. HENRY

Ergibt 24 Stück
Vorbereitungszeit: 40 Minuten
Garzeit: 20 Minuten
V

500 g **Weizen-** oder **Dinkelmehl**
125–175 g **Puder-** oder **Feinstzucker**
375 g **Butter**, gekühlt und gewürfelt
fein abgeriebene Schale und Saft von 1 großen **Orange**
**Pflanzenöl** zum Einfetten
250 g **Frischkäse**
50 g **Feinstzucker**
500–625 g **Mincemeat**
**Milch** zum Bestreichen
**Feinst-** oder **Puderzucker** zum Bestreuen

Ich erfand diese Pies vor Jahren, und es wurde eines meiner populärsten Rezepte. Sie können den Frischkäse auch weglassen, aber wenn man ihn auf das würzige Mincemeat gibt, bekommen die Pies eine tolle Textur.

JOSSY

1. Sieben Sie Mehl und Puderzucker in eine Schüssel, reiben Sie die Butter mit den Fingern in das Mehl ein, bis eine krümelige Masse entsteht.
2. Arbeiten Sie mit einem Messer Orangenschale und -saft ein, bis ein fester Teig entsteht. Formen Sie ihn zu einer Kugel. Wickeln Sie ihn in Frischhaltefolie und legen Sie ihn mind. 30 Minuten in den Kühlschrank.
3. Heizen Sie den Backofen auf 200 °C/Gas Stufe 6 vor. Fetten Sie zwei 12er-Muffinformen ein.
4. Rühren Sie Frischkäse und Feinstzucker in einer Schüssel glatt.
5. Kneten Sie den Teig noch einmal leicht und halbieren Sie ihn. Rollen Sie eine Teighälfte etwas dicker aus und stechen Sie mit einer runden Ausstechform (8 cm Ø) 24 Kreise aus. Rollen Sie die Teigreste, falls nötig, erneut aus.
6. Legen Sie die Muffinformen mit den Teigkreisen aus. Füllen Sie sie zur Hälfte mit Mincemeat und geben Sie 1 Teelöffel Frischkäse darauf.
7. Rollen Sie die zweite Teighälfte aus und stechen Sie mit einem sternförmigen Ausstecher Sterne aus. Bestreichen Sie die Unterseite der Sterne mit Milch, Wasser oder verquirltem Ei und legen Sie sie auf die Pies.
8. Bestreichen Sie die Pies mit Milch und backen Sie sie 15–20 Minuten.
9. Lassen Sie die Pies leicht abkühlen, nehmen Sie sie aus der Form und bestreuen Sie sie mit Zucker. Servieren Sie die Pies warm oder kalt.

TIPPS

- Der Teig wird noch mürber, wenn Sie zwei Drittel Butter und ein Drittel Schmalz oder Pflanzenöl nehmen.
- Das Mincemeat wird noch besser, wenn Sie Zitronensaft und etwas fein gehackten säuerlichen Apfel zugeben.

# Jossys Christmas Pudding

Dies ist die klassische Version von Jossys Christmas Pudding. Wenn Sie ihn ohne Weizen und Gluten zubereiten wollen, ersetzen Sie die Semmelbrösel durch gekochten Basmatireis oder glutenfreie Semmelbrösel.

Für 8–10 Personen
Vorbereitungszeit: 1 Stunde
Garzeit: 6 Stunden
❤ ✓ MF V

REZEPT GETESTET VON HATTIE

350 g **Trockenpflaumen ohne Stein**
100 g **kandierter Ingwer**
40 g **Walnusshälften**
225 g große **Rosinen**
abgeriebene Schale und Saft von 2 **Orangen**
125 g **frische braune Semmelbrösel**
125 g **vegetarisches Schmalz**, gewürfelt
¼ TL **gemahlene Gewürznelken**
3 große **Bio-Eier**
2–3 EL **Cointreau** oder **Weinbrand**

1. Fetten Sie eine fest verschließbare Form (z.B. Flanform) oder eine 1,7-Liter-Puddingform mit Butter ein.
2. Hacken Sie Pflaumen, Ingwer und Walnüsse. Geben Sie die Zutaten zusammen mit Rosinen, Orangenschale, Semmelbröseln, Schmalz und Gewürznelken in eine große Schüssel.
3. Rühren Sie die Eier in einer zweiten Schüssel schaumig und mischen Sie sie dann unter die trockenen Zutaten. Zum Schluss rühren Sie Orangensaft und Cointreau ein.
4. Lassen Sie die Mischung mind. ½ Stunde ruhen. Wenn Sie eine Flanform verwenden, füllen Sie die Mischung in die Form und streichen Sie die Oberfläche glatt. Schließen Sie die Form und wickeln Sie diese fest in Folie ein. Legen Sie einen metallenen Plätzchenausstecher in einen großen Topf und stellen Sie die Form darauf. Gießen Sie so viel kochendes Wasser zu, dass drei Viertel der Form im Wasser steht. Decken Sie den Topf ab und dämpfen Sie den Pudding sanft 6 Stunden. Falls zu viel Wasser verdampft, gießen Sie kochendes Wasser nach.
5. Wenn Sie eine Puddingform benutzen, füllen Sie sie mit der Mischung und streichen Sie die Oberfläche glatt. Bedecken Sie die Form mit Backpapier und dann mit Alufolie und binden Sie diese mit einer Schnur um den Rand fest. Schneiden Sie Backpapier und Alufolie so ab, dass sie nicht ins Wasser hängen, und stellen Sie die Form in einen Topf. Füllen Sie den Topf mit Wasser, bis es die Hälfte der Form bedeckt und lassen Sie den Pudding wie oben beschrieben garen. Füllen Sie bei Bedarf Wasser nach.
6. Lassen Sie den Pudding auskühlen und bewahren Sie ihn bis Weihnachten an einem kühlen Ort auf. Dämpfen Sie ihn vor dem Servieren erneut ca. 1 Stunde in einem Topf. Servieren Sie den Pudding auf einem vorgewärmten Teller, gießen Sie heißen Cointreau um den Pudding und zünden Sie den Alkohol an.

Über die Jahre habe ich unzählige Rezepte für Christmas Pudding ausprobiert, und wir finden alle, dass dies das beste ist. Weiche Pflaumen, Walnüsse und frische Orangen verleihen ihm seine dunkle Farbe, sein volles Aroma und seine saftige Textur. Gleichzeitig ist er leicht, da er weder Mehl noch Zucker enthält. Sogar Kinder mögen ihn, da er durch die Früchte gerade süß genug ist. Man kann jetzt zwar Metallformen für runde Puddinge kaufen, ich benutze aber immer noch einen großen chinesischen Reiskocher, den ich mit Alufolie auslege. Wenn Sie keine Spezialform haben, können Sie diesen Pudding auch in einer 1,7-Liter-Puddingform zubereiten.

JOSSY

# Champagner-Cocktail

Der perfekte Drink, um das neue Jahr zu begrüßen – in Schottland oder anderswo.

Für 1 Glas
Vorbereitungszeit: 2 Minuten
Garzeit: keine
❤ ✓ WF GF MF V

Freiwillig von Anita, Georgia, Issy und Apple getestet.

**Angostura Bitter**
1 **Zuckerwürfel**
**Weinbrand**
**Champagner**

HOGMANAY

1. Träufeln Sie einige Tropfen Angostura Bitter auf den Zuckerwürfel und geben Sie diesen in ein Champagnerglas.
2. Gießen Sie etwas Weinbrand zu. Es soll eigentlich nur ein Spritzer sein, aber wie ein Sprichwort besagt: Wer nicht wagt, der nicht gewinnt.
3. Füllen Sie das Glas mit Champagner auf.

TIPPS

- Sie können auch Sekt oder Prosecco oder jeden anderen weißen Schaumwein statt Champagner verwenden (machen wir normalerweise).
- Wenn Sie keinen Weinbrand mögen, können Sie ihn weglassen. Im Originalrezept kommt er nicht vor.

# Lokum

**Zuckerfest**
Ein dreitägiges Fest am Ende des muslimischen Fastenmonats.

Diese kleinen Geleewürfel sind sehr süß, doch mit starkem Tee oder Kaffee zum Abschluss eines Festmahls sind sie sehr erfrischend. Lokums werden überall im Nahen Osten am Ende des Fastenmonats gegessen.

Ergibt 30 Würfel
Vorbereitungszeit: 10 Minuten + Abkühlzeit
Garzeit: 40 Minuten
❤ ✓ WF GF MF V

450 g **Feinstzucker**
900 ml **Wasser**
1 Prise **Weinstein**
100 g **Maisstärke**
200 g **Puderzucker**
2 TL **Rosenwasser** oder 1 TL **Zitronenöl**
**rosa Lebensmittelfarbe** (nach Belieben)
50 g **Puderzucker** zum Bestäuben
50 g **Maisstärke** zum Bestäuben

1. Fetten Sie eine quadratische Backform (20–23 cm Seitenlänge) ein und legen Sie sie mit Backpapier aus.
2. Verrühren Sie Zucker, 150 ml Wasser und Weinstein in einem mittelgroßen Topf und bringen Sie alles zum Kochen. Kochen Sie die Mischung 5 Minuten.
3. Verrühren Sie Maisstärke, Puderzucker und 50 ml Wasser zu einer Paste. Kochen Sie die restlichen 700 ml Wasser auf und rühren Sie es langsam unter die Stärkepaste. Achten Sie darauf, dass keine Klümpchen entstehen.
4. Geben Sie die Stärkemischung in einen großen Topf und lassen Sie sie bei mittlerer Hitze köcheln, bis sie eingedickt und fast klar ist.
5. Nehmen Sie den Topf vom Herd und rühren Sie nach und nach den Zuckersirup ein. Reduzieren Sie die Hitze etwas und kochen Sie alles 30 Minuten.
6. Geben Sie Rosenwasser und Lebensmittelfarbe zu und gießen Sie alles in die Form. Lassen Sie die Masse am besten über Nacht auskühlen.
7. Sieben Sie Puderzucker und Maisstärke in eine Schüssel. Schneiden Sie das Lokum in Würfel und wenden Sie diese in der Puderzucker-Stärke-Mischung.

TIPPS

- In Schokolade getaucht, sind die Lokum-Würfel ganz besondere Leckerbissen.
- Achten Sie darauf, dass Sie sich nicht verbrennen; die köchelnde Mischung ist sehr, sehr heiß. Arbeiten Sie vorsichtig, aber lassen Sie sich nicht abschrecken.
- Das Lokum saugt den Puderzucker auf; bestäuben Sie es deshalb großzügig mit Puderzucker und Stärke, wenn Sie es verschenken wollen und streuen Sie auch etwas davon in den Geschenkkarton.

# Crème brulée

Henry behauptet, dass man die Qualität eines Restaurants anhand seiner Crème brulée beurteilen kann. Dabei ist es nicht besonders schwer, sie gut zu machen, und es ist sehr eindrucksvoll, wenn Sie sie selbst zubereiten. Daher ist sie ein perfektes Dessert am Valentinstag. Servieren Sie die Creme in herzförmigen Förmchen auf Kamasutra-Platzdeckchen.

Für 4 Personen (Sie können zwei für den nächsten Tag aufbewahren.)
Vorbereitungszeit: 20 Minuten
Garzeit: 30 Minuten
WF GF V

590 g **Crème double**
1 **Vanillestange**
6 **Eigelb** von **Bio-Eiern**
50 g **Feinstzucker**, plus zusätzlich 4 EL Zucker

1. Heizen Sie den Backofen auf 150 °C/Gas Stufe 2 vor. Stellen Sie vier kleine herzförmige oder runde Ramequin-Formen bereit.
2. Geben Sie die Crème double in einen Topf. Schneiden Sie die Vanillestange längs auf und kratzen Sie das Mark in die Sahne. Fügen Sie auch die Stange zu.
3. Erhitzen Sie die Sahne bis kurz unter den Siedepunkt und nehmen Sie sie dann vom Herd. Lassen Sie sie 10 Minuten ziehen, ehe Sie die Vanillestange entfernen.
4. Schlagen Sie Eigelb und 50 g Zucker schaumig. Geben Sie die Sahne zu. Verrühren Sie alles gut, ehe Sie die Masse in die Ramequin-Formen gießen.
5. Stellen Sie die Formen in einen tiefen Bräter. Füllen Sie so viel Wasser in den Bräter, dass die Formen bis zur Hälfte bedeckt sind. Decken Sie den Bräter fest mit Alufolie ab und backen Sie die Creme 20 Minuten im Ofen, bis sie fest ist. Nehmen Sie die Folie ab und lassen Sie sie auskühlen.
6. Für den Karamell streuen Sie über jede Form 1 Esslöffel Zucker und erhitzen den Zucker mit einem Bunsenbrenner oder unter einem Grill, bis er karamellisiert. Lassen Sie die Crème brulée 5 Minuten ruhen, ehe Sie sie servieren.



TIPPS

- Wir haben etwas gegen den modischen Brauch, Crème brulée mit Beeren zu servieren, da sie nicht zu dem reinen Sahnegeschmack des Desserts passen. Wenn Sie aber unbedingt etwas anderes probieren wollen, schlagen wir Ihnen diese Varianten vor:
  - Indisch: Lassen Sie 4 zerstoßene Kardamomkapseln statt der Vanille in der Creme ziehen.
  - Angeheitert: Geben Sie einen Schuss Rum oder Weinbrand zu der Creme.
  - Orangenaroma: Lassen Sie Orangenschale mit oder ohne Vanillestange in der Sahne ziehen.
- Um Zeit zu sparen, kann alles bis auf Schritt 6 im Voraus zubereitet werden. Die Creme kann am Tag zuvor zubereitet und über Nacht gekühlt werden. Sie können dann die Creme nach dem Essen aus dem Kühlschrank nehmen, den Zucker karamellisieren und den Nachtisch direkt an den Tisch bringen.

# Leons Geburtstagskuchen

Dieser Kuchen sieht verrückt aus – wie eine gigantische Puderquaste oder ein Bounty-Riegel, der umgestülpt wurde. Die Füllung hat die Konsistenz und den Geschmack von sehr, sehr frischem Kokosnussfleisch.

Für 12–15 Personen
Vorbereitungszeit: 40 Minuten
Garzeit: 50 Minuten
V

*Für den Biskuitteig:*
125 g weiche **Butter**
200 g **Feinstzucker**
3 **Bio-Eier**
½ TL **Salz**
300 g **Mehl** mit 2 TL **Backpulver** vermengt
175 ml **Kokosmilch**

*Für den Sirup:*
150 ml **Kokosmilch**
100 g **Zucker**
1–2 Tropfen **Vanillearoma**
1 Prise **Salz**

*Für die Füllung:*
100 ml **Kokosmilch**
50 g **Feinstzucker**
40 ml **Wasser**
1 EL **Maisstärke**, mit 2 EL **Wasser** verrührt
1 Prise **Salz**

*Zum Dekorieren:*
300 ml steif geschlagene **Schlagsahne**
100 g **Kokosraspel**



1. Heizen Sie den Umluftbackofen auf 160 °C/Gas Stufe 3 vor. Fetten Sie eine runde Backform (23 cm Ø) mit Butter ein.
2. Schlagen Sie Butter und Zucker schaumig. Fügen Sie Eier und Salz zu und verrühren Sie alles sorgfältig.
3. Arbeiten Sie die Hälfte des Mehls ein und rühren Sie die Kokosmilch unter. Rühren Sie das restliche Mehl unter.
4. Füllen Sie den Teig in die Form. Backen Sie ihn 40–50 Minuten, bis ein Holzstäbchen, das Sie hineinstechen, sauber bleibt. Lassen Sie den Biskuit in der Form auskühlen.
5. Geben Sie für die Füllung Kokosmilch, Zucker und Wasser in einen Topf. Verrühren Sie alles bei geringer Hitze, bis der Zucker aufgelöst ist. Erhöhen Sie die Temperatur. Geben Sie Stärkemischung und Salz zu und rühren Sie, bis die Mischung eindickt. Gießen Sie die Füllung in eine Schüssel. Lassen Sie sie abkühlen und stellen Sie sie dann mind. 2 Stunden in den Kühlschrank.
6. Erhitzen Sie alle Zutaten für den Sirup in einem kleinen Topf und kochen Sie sie 5 Minuten bei mittlerer Hitze.
7. Schneiden Sie den Biskuit in drei Böden. Beträufeln Sie diese jeweils mit dem Sirup und setzen Sie sie mit der Kokosfüllung zusammen. Bestreichen Sie den Kuchen rundum mit der Sahne und bestreuen Sie ihn mit Kokosraspeln.

Diesen Kuchen machen wir in der Bäckerei Violet jede Woche. Die Leute sind wild auf die Kokosfüllung, die von einem alten hawaiianischen Puddingrezept übernommen wurde. Als Henry mich bat, zum fünften Geburtstag von Leon eine Torte zu kreieren, fiel mir sofort dieser Kuchen ein. Er sieht einfach so festlich aus. Außerdem war er groß genug, um 350 Leute zu verköstigen. (Falls Sie die Version auf dem Foto oben nachbacken, nehmen Sie alles mal 30. Sie werden dann aber hölzerne Stäbe brauchen, die den oberen Teil des Kuchens tragen.)

CLAIRE

# Schokoladen-Fantasie-Kuchen

Mit Karamell, Schokolade und Aprikose – eine traumhafte Kombination.

Für 12–15 Stück
Vorbereitungszeit: 25 Minuten
Garzeit: 1 Stunde
V

Rezept getestet von Lillie

Claire entwickelte dieses Rezept für Leon, um unser Kuchensortiment zu erweitern. In der Entwicklungsphase des Rezepts trafen wir uns mit dem Besitzer eines Gebäudes, das wir unbedingt mieten wollten. Claire backte (als Bestechung) einen Kuchen für uns, den wir zum Treffen mitnahmen. Es funktionierte, und bei Leon sprechen wir seitdem von unserem „ABC" für erfolgreiche Treffen – „**A**lways **B**ring **C**ake" (Bring immer einen Kuchen mit).

HENRY

*Für den Biskuitteig:*
200 ml **Pflanzenöl**
400 g **Rohrzucker**
2–3 Tropfen **Vanillearoma**
3 **Bio-Eier**
125 g **Naturjoghurt**
80 g **Kakaopulver**
100 ml kochendes **Wasser**
280 g **Weizenmehl**
1½ TL **Natron**
½ TL **Salz**

*Für die Glasur:*
200 g weiche **Butter**
200 g **Puderzucker**
4–5 EL kochendes **Wasser**
1–2 Tropfen **Vanillearoma**
100 g **Kakaopulver**

*Zum Dekorieren:*
4 EL **Aprikosenkonfitüre**
2 **Crunchy-Riegel** (siehe Seite 220), zerkrümelt
**essbarer Glitter**

GEBURTSTAGE

1. Heizen Sie den Backofen auf 160 °C/Gas Stufe 3 vor. Fetten Sie zwei runde Backformen (23 cm Ø) ein und legen Sie sie mit Backpapier aus.
2. Verrühren Sie Öl, Zucker und Vanillearoma. Geben Sie die Eier einzeln zu und mischen Sie alles nach jeder Zugabe gut durch.
3. Rühren Sie den Joghurt sorgfältig unter.
4. Verrühren Sie Kakaopulver und Wasser zu einer glatten Paste und geben Sie sie zu der Eiermischung. Verrühren Sie alles zu einem glatten Teig.
5. Sieben Sie Mehl, Natron und Salz zusammen und mischen Sie sie unter den Teig.
6. Verteilen Sie den Teig auf die Formen und backen Sie ihn 55–60 Minuten, bis ein Holzstäbchen, das Sie hineinstechen, sauber bleibt. Lassen Sie den Biskuit in der Form auskühlen.
7. Schlagen Sie für die Glasur die Butter schaumig und geben Sie langsam den Puderzucker zu. Rühren Sie das heiße Wasser und das Vanillearoma ein.

8. Geben Sie das Kakaopulver zu und rühren Sie, bis eine luftige Masse entsteht.
9. Schneiden Sie die Biskuits jeweils in zwei Böden. Bestreichen Sie einen Boden mit Konfitüre. Verteilen Sie 1 Esslöffel Schokoglasur darauf und legen Sie den zweiten Boden darauf. Wiederholen Sie dies mit dem anderen Biskuit und bestreichen Sie die Kuchen mit der restlichen Glasur. Dekorieren Sie sie mit zerkrümelten Crunchy-Riegeln und essbarem Glitter.

TIPPS

- Sie können auch noch Crunchy-Riegel zwischen den Schichten zerkrümeln.
- Verbrauchen Sie die Schokoladenglasur am besten sofort. Wenn sie länger stehen bleibt, wird sie fest und lässt sich nicht mehr verstreichen.
- Essbaren Glitter können Sie über das Internet und in speziellen Geschäften kaufen.

# BÄCKER, DIE WIR LIEBEN

# PETRA LEWIS

Man sagt ja, dass man, bevor man eine Frau heiratet, sich ihre Mutter genau anschauen sollte, weil sie wahrscheinlich auch so wird. Ich heiratete Mima in der Hoffnung, dass sie eines Tages etwas aus dem Ofen ziehen würde, das Petras Kuchen gleicht.

Petra Lewis ist eine dieser unbekannten „Amateur"-Bäckerinnen, die locker die meisten Profis an die Wand spielen können. Sie kann einfach alles machen, aber ihre Spezialität sind altmodische Kuchen und Puddinge. Ihre Küche wimmelt immer von nostalgischen Herren (ihr Ehemann ist darunter, das sollte hier erwähnt werden), die versessen sind auf eine Quarkspeise, einen riesigen Pudding oder einen Stapel warmer Drop-Scones (schottische Pfannkuchen), die darauf warten, großzügig mit goldfarbenem Sirup übergossen zu werden.

Mit ihren glänzenden Augen und dem silbernen Haar hat Petra die perfekten Eigenschaften, um Kuchen zu backen. Sie ist wahnsinnig großzügig, geduldig und akribisch. Sie scheint es tatsächlich zu genießen, stundenlang an ihrem Küchentisch zu sitzen und die winzigen Stiele aus einem Kilo Korinthen herauszufischen. Manche würden das Wahnsinn nennen, ich nenne es Genie.

HENRY

# Petras Taufkuchen

Petras Taufkuchen basiert auf ihrem Früchtekuchen (siehe Seite 90), die sie mit Eiweißglasur (siehe Seite 179) überzieht. Sie ist eine großartige Kuchenbäckerin, arbeitet aber nicht gern mit Glasuren. Statt mit kühler Perfektion überzieht sie den Kuchen ziemlich uneben und bedeckt ihn mit Bändern und einer Schar kleiner Kreaturen, die sie in Krimskramsläden kauft.

Wir wollten schon immer einen Abschnitt über Begräbnisse in das Buch aufnehmen, weil auch sie eine Feier des Lebens sein können und weil man mit Backen instinktiv seine Liebe und Unterstützung in schwierigen Zeiten zeigen kann. Allerdings hatten wir Bedenken. Aber gerade als wir diese Rezepte streichen wollten, fragte jemand Claire, was man zu einem Begräbnis backen könne – deshalb haben wir sie wieder aufgenommen. Hier sehen Sie, wie wir es gern hätten, dass man sich unserer erinnert – mit einem Irish Coffee und einem Stück Guinness-Kuchen.

# Irish Coffee

Der echte Irish Coffee ist äußerst wärmend und sündhaft köstlich.

Für 4 Personen
Vorbereitungszeit: 15 Minuten
Garzeit: keine
WF GF V

REZEPT GETESTET VON: BEN

frisch gebrühter heißer **Kaffee** (für 4 Personen)
4 TL **brauner Zucker**
8 EL **irischer Whiskey**
225 g **Schlagsahne**, sehr leicht steif geschlagen
4 **Irish-Coffee-Gläser**

1. Brühen Sie den Kaffee.
2. Geben Sie 1 Teelöffel Zucker in jedes Glas und gießen Sie den heißen Kaffee hinein, aber lassen Sie zum oberen Rand des Glases 2–3 cm frei. Rühren Sie behutsam um.
3. Geben Sie 2 Esslöffel Whiskey in jedes Glas.
4. Gießen Sie die geschlagene Sahne über einen Löffelrücken in die Gläser.

TIPPS

- Durch den Zucker und den Alkohol schwimmt die Sahne obenauf, sodass der Irish Coffee einem Guinness ähnelt. Lassen Sie diese Zutaten also nicht weg.
- Irish Coffee sollte langsam durch die Sahne getrunken werden, deshalb ist es wichtig, die Sahne nicht zu steif zu schlagen.

# Guinness-Malz-Kuchen

Ein sehr feuchter und reichhaltiger Kuchen, der die Aromen von gutem Stout, Malz und dunkler Melasse vereint. Das Kakaopulver trägt zu seiner schönen Farbe bei. Dieser Kuchen hält sich gut bis zu einer Woche.

Für 8 Personen
Vorbereitungszeit: 15 Minuten
Garzeit: 1 Stunde 30 Minuten
V

250 ml **Guinness** oder anderes **Stout**
250 g **Butter**
1 EL **Melasse** oder **dunkler Zuckerrübensirup**
200 g **Muskovado-Zucker**
70 g **Kakaopulver**
2 EL **Malzgetränkepulver** (z. B. Ovomaltine)
2 **Bio-Eier**
150 g **Naturjoghurt**
280 g **Weizenmehl**
2 TL **Natron**
200 g **Feinstzucker**
1 Prise **Meersalz**

*Für die Guinness-Frischkäse-Glasur:*
100 ml **Guinness** oder anderes **Stout**
60 g weiche **Butter**
120 g streichzarter **Frischkäse**
1–2 Tropfen **Vanillearoma**
300 g **Puderzucker**, gesiebt

1. Heizen Sie den Backofen auf 160 °C/Gas Stufe 3 vor. Fetten Sie eine Brotform (900 g) mit Butter ein und legen Sie sie mit Backpapier aus.
2. Zerlassen Sie Guinness, Butter, Melasse und Muskovado-Zucker in einem kleinen Topf bei mittlerer Hitze.
3. Rühren Sie Kakao- und Malzpulver ein und nehmen Sie den Topf vom Herd.
4. Verrühren Sie Eier und Joghurt und fügen Sie dann die Biermischung zu.
5. Sieben Sie die verbliebenen trockenen Zutaten zu der Eier-Bier-Mischung und verrühren Sie alles gründlich. Füllen Sie den Teig in die Form und backen Sie ihn ca. 1 Stunde 15 Minuten, bis ein Holzstäbchen, das Sie hineinstechen, sauber bleibt. Lassen Sie den Kuchen in der Form auskühlen.
6. Bringen Sie für die Glasur das Guinness in einem kleinen Topf zum Kochen und lassen Sie es ca. 10–15 Minuten kochen, bis es sich auf die Hälfte reduziert hat. Stellen Sie es in den Kühlschrank zum Auskühlen.
7. Schlagen Sie die Butter in einer Schüssel schaumig. Rühren Sie Frischkäse und Vanillearoma ein. Sieben Sie den Puderzucker hinein und verrühren Sie alles. Gießen Sie nun das Guinness zu und rühren Sie, bis die Mischung cremig ist. Nehmen Sie den Kuchen aus der Form und bestreichen Sie ihn mit der Glasur.

# EXTRAPORTIONEN

# Leons Bananensplit mit gesalzenem Karamell

Wir haben diese Süßspeise unserer Speisekarte nach ausführlichen – und sehr klebrigen – Beratungen mit unseren kleinen Gästen hinzugefügt. Obwohl es eher kindisch ist, wurde das Dessert ein Hit bei Gästen jeder Altersklasse.

Für 6 Personen (die genug Platz im Magen haben)
Vorbereitungszeit: 10 Minuten
Garzeit: 10 Minuten
WF GF V

100 g **Bio-Mandelblättchen**
2 EL **Bio-Puderzucker**
6 **Bananen** (Fair Trade)
500 g **Bio-Crème-double**
100 g **Feinstzucker** (Fair Trade)
**Meersalz**
250 ml **Erdbeereis** von guter Qualität
250 ml **Vanilleeis** von guter Qualität
25 g **Bio-Zartbitterschokolade**

1. Rösten Sie die Mandeln mit dem Puderzucker in einer beschichteten Pfanne, bis sie goldgelb sind und der Zucker karamellisiert ist.
2. Halbieren Sie die Bananen längs und legen Sie je 2 Hälften auf einen Teller.
3. Schlagen Sie 350 g Sahne steif. Füllen Sie sie in einen Spritzbeutel (ein Sahnesiphon kann hier Zeit sparen).
4. Erhitzen Sie den Feinstzucker in einem Topf, bis er karamellisiert. Rühren Sie die verbliebenen 150 g Sahne unter. Sie wird sofort aufschäumen. Rühren Sie die Mischung gründlich durch, damit sich der Zucker in der Sahne auflöst. Geben Sie eine gute Prise Meersalz hinzu.
5. Setzen Sie von jeder Eissorte je 1 Kugel auf die Bananenhälften.
6. Beträufeln Sie die Eiscreme mit dem Karamell. Spritzen Sie die Sahne darüber. Bestreuen Sie alles mit den karamellisierten Mandeln und reiben Sie etwas Schokolade darüber.

TIPPS

- Für das klassische Split verzieren Sie jede Eiscremekugel mit einer kandierten Kirsche.
- Wir verwenden manchmal ein flüssiges Erdbeerpüree als zweite Sauce neben dem Karamell.

Wir wollten schon seit einiger Zeit eine Pie in die Speisekarte aufnehmen. Daher haben wir in einem Londoner Park ein Pie-Fest veranstaltet, unterstützt von 30 Naschkatzen und ihren Lieblings-Pies. Passanten, die von den Pies angezogen wurden, starteten wagemutige Überraschungsangriffe. Wir hatten nichts dagegen. Es wäre knauserig gewesen, diese Köstlichkeiten nicht zu teilen: Jede Pie ist eine Überraschung, die in einen knusprigen Teig gehüllt ist. Georgia Glynn Smith hat einen tollen Film über dieses Fest gemacht, den Sie auf unserer Website www.leonrestaurants.co.uk finden.

# Andis Süßkartoffel-Pie mit Marshmallows

PIE ME TO THE MOON

Für 6–8 Personen
Vorbereitungszeit: 35 Minuten
Garzeit: 20 Minuten
V

375 g **leicht gesüßter Mürbeteig** (Fertigprodukt)
4 **rosafarbene Süßkartoffeln**
6 große EL **Honig** oder **Agavendicksaft** oder **Süßmittel** nach Belieben
1 TL **gemahlene Muskatnuss**
1 TL **gemahlener Zimt**
1 TL **gemahlener Piment**
2 Tropfen **Vanillearoma**
2 EL **Kokosflocken** (nach Belieben)
3 **Eiweiß** von **Bio-Eiern**
1 Paket **weiße Minimarshmallows**

1. Heizen Sie den Backofen auf 180 °C/Gas Stufe 4 vor.
2. Rollen Sie den Mürbeteig aus und legen Sie damit eine Tarteform (25–28 Ø) mit gewelltem Rand aus. Backen Sie den Teigboden ca. 25 Minuten blind, bis der Boden goldgelb ist. Stellen Sie ihn zum Abkühlen beiseite, schalten Sie den Ofen aber nicht aus.
3. Schälen Sie die Süßkartoffeln und würfeln Sie sie. Kochen Sie die Kartoffeln weich und zerstampfen Sie sie.
4. Vermengen Sie die Süßkartoffeln mit Honig, Muskatnuss, Zimt, Piment, Vanillearoma und Kokosflocken (falls verwendet).
5. Schlagen Sie das Eiweiß steif. Rühren Sie die Süßkartoffelmischung gründlich unter. Geben Sie die Mischung auf den Mürbeteig und backen Sie die Pie ca. 20 Minuten.
6. Sobald der Kuchen oben etwas bräunt, kann er aus dem Ofen genommen werden. Dekorieren Sie ihn mit den Marshmallows.
7. Stellen Sie die Pie vor dem Servieren unter einen heißen Backofengrill, um die Marshmallows zu rösten, die schnell schmelzen und bräunen. Behalten Sie sie im Auge, damit sie nicht anbrennen.

ANDI UND IHR BRUDER SEAN, 1969

# Esthers Schweinepastete



Ergibt 1 große Schweinepastete
Vorbereitungszeit: 2 Stunden
Garzeit: 1¾ Stunden

ESTHER IN OXFORD, 1989

40 g **Butter**, gewürfelt
60 g **Schweineschmalz**, gewürfelt
100 ml **Wasser**
275 g **Weizenmehl**
¾ TL **Salz**
1 **Bio-Ei**, verquirlt, plus zusätzlich 1 verquirltes Ei zum Bestreichen
500 g **Schweineschulter** oder **-keule**, Fleisch gewürfelt
250 g **Schweinebauch**
250 g **Schinken**
**Salz, Pfeffer, Thymian, Muskatnuss, Chili** oder ein Gewürz nach Belieben
30 g **Gelatinepulver** (ich nehme die gemahlene Gelatine von Dr. Oetker)

1. Erhitzen Sie Butter, Schmalz und Wasser in einem Topf, bis alles zerlassen ist, aber noch nicht kocht. Geben Sie Mehl und Salz in eine Schüssel und drücken Sie eine Mulde in die Mitte. Gießen Sie das Ei in die Mulde und rühren Sie es kurz mit einem Messer ein. Gießen Sie das zerlassene Fett zu und mischen Sie alles, bis ein Teig entsteht.
2. Falls der Teig zu klebrig ist, streuen Sie etwas Mehl darauf, bis er einen glänzenden Schimmer bekommt. Formen Sie den Teig zu einer Kugel, wickeln Sie ihn in Frischhaltefolie ein und stellen Sie ihn 1 Stunde in den Kühlschrank.
3. Schneiden Sie ein Viertel des Teigs für den Deckel ab. Wenn man eine Pie-Form mit 20 cm Ø und 15 cm Höhe benutzt, finde ich es einfacher, alles auszurollen, die Form damit auszulegen und den überstehenden Rand abzuschneiden. Die Reste kann man dann zu einem Deckel ausrollen.
4. Lassen Sie den Pie-Boden und -Rand schön dick – bis zu 1 cm und mehr. Der Teig ist ein Gefäß für das Schweinefleisch; er muss robust genug sein, um das heiße Schweinefett UND den warmen Aspik, den Sie später zugeben, zu halten. Wenn er zu dünn ist, wird er beim Backen reißen.
5. Heizen Sie den Backofen auf 180 °C/Gas Stufe 4 vor. Drehen Sie das Schweinefleisch durch einen Fleischwolf, sodass es sehr fein wird. Entfernen Sie dann Knorpel und Schwarte.
6. Würzen Sie das Fleisch mit Salz, Pfeffer, Thymian, Muskatnuss, Chili oder anderen Gewürzen.

7. Füllen Sie den Teigmantel mit der Schweinefleischmischung. Drücken Sie die Füllung fest, denn sie schrumpft beim Backen. Haben Sie keine Hemmungen, so viel wie möglich in die Form zu drücken, klopfen Sie dazu kräftig auf die Füllung.
8. Rollen Sie den verbliebenen Teig aus, um den Pie-Deckel zu machen. Streichen Sie das verquirlte Ei auf die oberen Ränder der Pie, um den Deckel an den Rändern zu versiegeln. Der Deckel muss mit Ei versiegelt werden, Wasser ist nicht geeignet. Der Deckel würde an den Seiten aufgehen und die Füllung herauslaufen.
9. Legen Sie den Deckel auf die Pie und drücken Sie ihn an den Rändern fest, um das Teiggefäß zu versiegeln. Schneiden Sie den überstehenden Teig ab.
10. Schneiden Sie in die Mitte des Pie-Deckels ein fingerbreites Loch. So kann während des Backens der Dampf entweichen. Zugleich können Sie später hier den Aspik einfüllen.
11. Bestreichen Sie den Deckel mit Ei und backen Sie die Pie 30 Minuten im Ofen. Reduzieren Sie die Temperatur auf 160 °C/Gas Stufe 3 und backen Sie die Pie weitere 1¼ Stunden.
12. Lassen Sie die Pie in der Form völlig auskühlen – das kann 4–5 Stunden dauern. Während des Backens schrumpft die Füllung, sodass an den Rändern ein Hohlraum entsteht, in den man den Aspik füllen kann.
13. Sie können den Aspik auf zwei Arten zubereiten. Methode 1: Bereiten Sie ½ Liter warme Brühe zu – entweder mit einem Brühwürfel oder Sie machen die Brühe selbst – und rühren Sie das Gelatinepulver nach Packungsanweisung ein. Ich bevorzuge Dr. Oetkers gemahlene Gelatine. 1 Päckchen geliert 500 g Brühe. Methode 2 für jene, die keine Mühe scheuen: Bitten Sie Ihren Metzger um einige Kalbsknochen- oder Schweinepfoten. Kochen Sie diese einige Stunden mit Karotten und Sellerie. Die Brühe wird sich, wenn sie stockt, festigen, ohne dass Gelatine hinzugefügt werden muss.

14. Füllen Sie den Aspik durch das Loch in die Pie, solange diese noch lauwarm ist. Dann wird er sich beim Abkühlen um das Schweinefleisch absetzen. Das ist ein ziemlich heikler Vorgang. Sie können eine Bratenpipette, einen Krug oder einen Trichter zum Einfüllen benutzen. Verlieren Sie nicht den Mut, wenn der Aspik aus der Pie herausläuft. Der Teig hält einiges aus. Vielleicht müssen Sie weiteren Aspik einfüllen, wenn sich die erste Aspikfüllung in den Ecken und Hohlräumen gesetzt hat und zwischen dem Deckel und der Füllung ein Loch klafft. Stellen Sie die Pie vor dem Essen mind. 1 Stunde in den Kühlschrank.

# Hatties Johannisbeertorte „Canelle“



Für 6–8 Personen
Vorbereitungszeit: 25 Minuten
Garzeit: 25 Minuten
V

HATTIE IN OXFORD, 1978

170 g **Weizenmehl**
85 g **Butter**
85 g **Feinstzucker**, plus zusätzlich Feinstzucker zum Bestreuen und für die Johannisbeeren
2 **Eigelb** von **Bio-Eiern**
1 EL **Wasser**
1 TL **gemahlener Zimt**
225 g **Schwarze Johannisbeeren**, ohne Stiele
**Milch** oder 1 verquirltes **Ei** zum Glasieren

1. Heizen Sie den Backofen auf 180 °C/Gas Stufe 4 vor.
2. Wenn Sie den Teig in der Küchenmaschine machen, kneten Sie Mehl, Butter, Zucker, Eigelb, Wasser und Zimt in kurzen Intervallen, bis sich ein Teig bildet. Wickeln Sie ihn in Frischhaltefolie ein und kühlen Sie ihn mind. 1 Stunde.
3. Wenn Sie den Teig von Hand machen, kneten Sie Mehl, Butter, Zucker und Zimt zusammen, bis ein streuselartiger Teig entsteht. Geben Sie langsam Eigelb und Wasser zu, bis ein fester Teig entsteht. Wickeln Sie ihn in Frischhaltefolie ein und stellen Sie ihn kalt.
4. Bedecken Sie die Johannisbeeren in einem Topf großzügig mit Zucker und lösen Sie diesen unter Rühren bei niedriger Hitze auf. Erhöhen Sie die Hitze und kochen Sie die Früchte unter Rühren etwas ein. Nehmen Sie den Topf vom Herd.
5. Rollen Sie den Teig 1 cm dick aus und legen Sie damit eine Tarteform (18 cm Ø) aus. Bewahren Sie den abgeschnittenen überstehenden Teig auf. Füllen Sie die Tarteform mit den Johannisbeeren. Rollen Sie den restlichen Teig aus. Schneiden Sie einen langen Streifen ab, um den Rand zu verstärken. Mit den Resten können Sie nach Belieben ein Teiggitter auf die Tarte legen.
6. Bestreichen Sie den Teig mit Milch oder Ei und backen Sie die Tarte 20–25 Minuten, bis sie goldgelb ist. Servieren Sie die Pie kalt mit Vanilleeis oder Crème fraîche.

# Anas Käse-Empanadas

THE PIES HAVE IT

Unsere Putzfrau aus Ecuador spricht zwar nicht viel Englisch, macht sich aber durch Lachen, Freundlichkeit und außergewöhnlich gute Empanadas verständlich.

Ergibt 20 kleine Empanadas
Vorbereitungszeit: 30 Minuten + 30 Minuten Ruhezeit
Garzeit: 10–15 Minuten
V

ANA IN EQUADOR IM ALTER VON 11

400 g **Weizenmehl**
2 TL **Backpulver**
1 TL **Salz**
115 g **Butter**
50 ml **Orangensaft**
80 ml **Mineralwasser**
250 g **Mozzarella,** gerieben
1 mittelgroße **Zwiebel**, gerieben oder fein gehackt
1½–2 EL **Feinstzucker**, plus zusätzlich Feinstzucker zum Bestreuen (nach Belieben)
1 **Bio-Ei**, leicht verquirlt
**Pflanzenöl** zum Braten (nach Belieben)

1. Vermengen Sie Mehl, Backpulver und Salz in der Küchenmaschine.
2. Fügen Sie Butter, Orangensaft und Mineralwasser zu und vermischen Sie alles, bis ein Teig entsteht.
3. Formen Sie aus dem Teig eine Kugel und wickeln Sie ihn in Frischhaltefolie ein. Lassen Sie ihn 30 Minuten im Kühlschrank ruhen.
4. Mischen Sie Mozzarella, Zwiebel und Zucker in einer Schüssel.
5. Heizen Sie den Backofen auf 200 °C/Gas Stufe 6 vor. Legen Sie ein Backblech mit Backpapier aus oder fetten Sie es gut ein.
6. Bestreuen Sie eine Arbeitsfläche mit Mehl. Halbieren Sie die Teigkugel (kleinere Mengen lassen sich leichter ausrollen). Rollen Sie den Teig millimeterdick aus.
7. Schneiden Sie mit einer runden Ausstechform (9–10 cm Ø) Kreise aus dem Teig. Geben Sie 1 Teelöffel der Käsefüllung in die Mitte jedes Kreises, klappen Sie eine Hälfte des Teigkreises darüber. Versiegeln Sie die Ränder, indem Sie sie mit einer Gabel aneinanderdrücken. Achten Sie darauf, dass die Taschen gut versiegelt sind, sonst läuft die Füllung beim Backen aus.
8. Bestreichen Sie die Empanadas mit Ei und bestreuen Sie sie nach Belieben mit etwas Zucker. Legen Sie sie auf das Blech und backen Sie sie 10–15 Minuten im Ofen, bis sie goldgelb sind. Lassen Sie sie auf einem Kuchengitter auskühlen.
9. Sie können sie auch frittieren. Füllen Sie dazu eine Pfanne 3–4 cm hoch mit Pflanzenöl. Frittieren Sie die Empanadas im heißen Öl, bis sie goldgelb sind, und bestreuen Sie sie vor dem Servieren mit Zucker.

# Janets London-Field-Galette mit Aprikosen & Kirschen

PIE IN THE SKY

Für 6–8 Personen
Vorbereitungszeit: 30 Minuten
Garzeit: 45–50 Minuten
V

JANET IN NORTHUMBERLAND, 1978

*Für den Teig:*
125 g **Weizenmehl**, plus zusätzlich Mehl zum Bestreuen
1 Prise **Salz**
1 Prise **Zucker**
85 g kalte **Butter**, in 1,5 cm großen Würfeln
4 EL eiskaltes **Wasser**

*Für die Galette:*
450 g **frische Aprikosen**, halbiert und die Kerne entfernt
225 g **Kirschen**, halbiert und die Kerne entfernt
2 EL **Zucker**
1 EL **Weizenmehl**
1 EL **gemahlene Mandeln** (nach Belieben)
1 **Bio-Ei**, verquirlt

1. Mischen Sie Mehl, Salz und Zucker und arbeiten Sie die Butter entweder mit einem Gabelrücken oder zwei Messern ein.
2. Kneten Sie die Butter nicht zu stark ein. Größere Butterstücke machen den Teig mürber. Geben Sie das Wasser zu und vermengen Sie alles zu einem Teig, ohne den Teig durchzukneten. Wickeln Sie ihn in Frischhaltefolie ein. Drücken Sie die Teigkugel flach und stellen Sie sie ca. 45 Minuten kalt.
3. Heizen Sie den Backofen auf 200 °C/Gas Stufe 6 vor und legen Sie ein Backblech mit Backpapier aus. Nehmen Sie den Teig aus dem Kühlschrank und lassen Sie ihn auf Zimmertemperatur erwärmen.
4. Rollen Sie den Teig auf einer bemehlten Arbeitsfläche zu einem tellergroßen Kreis aus. Legen Sie ihn auf das Blech und stellen Sie ihn einige Minuten kalt.
5. Bestreuen Sie den Teig mit Zucker, Mehl und Mandeln, wobei Sie außen einen 5 cm breiten Rand aussparen. Legen Sie die Früchte auf die Mandeln – Sie können die Kirschen in die Mitte legen und die Aprikosen im Kreis darum.
6. Klappen Sie den Teigrand etwas hoch, um eine Randkruste zu bekommen. Bestreichen Sie den Rand mit Ei und backen Sie den Kuchen 45–50 Minuten im unteren Teil des Ofens, bis die Früchte weich sind.
7. Geben Sie die Galette zum Abkühlen auf ein Kuchengitter. Servieren Sie sie warm oder kalt, mit Vanilleeis, Schlagsahne oder pur.

TIPP

- Diese frei geformte, offene Tarte kann für alle möglichen Obstsorten verwendet werden.

LONDON W1F 7JE
LEON.
35-36 Gt. MARLBOROUGH St.
Fair Trade & Organic
NOME DEL
PASSEGGERO
BAGAGLIAIO

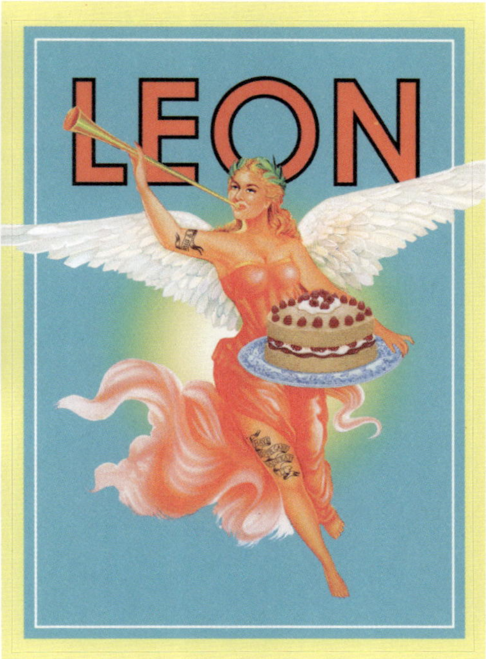
LEON

POWER
SMOOTHIE
LEON

FRESH LEON-MADE
LEON
LEMONADE

LEON
FRESHLY-SQUEEZED
ORANGE JUICE
LEON
LEON
LEON

GRILLED CHICKEN
LEON
SUPERFOOD SALAD
1 2 3 4 5 6 7 8 9 10 11 12 S

LEON
LDN.

LEON
MOROCCAN
MEAT
BALLS
MOROCCAN HERBS & SPICES
PLUM TOMATO SAUCE
1 2 3 4 5 6 7 8 9 10 11 12 S

MAGIC MACKEREL
LEON
COUSCOUS

LEON
LDN.

LEON-HOTEL
CASABLANCA

LEON

London Fields Apricot
and cherry galette
by Janet

# Maggies kroatische Birnen-Pie

LOVE A PIE

Die Pie kann in einer rechteckigen, ovalen oder jeder anderen Form gebacken werden. Sie können die Birnen halbieren, vierteln oder in Scheiben schneiden.

Für 4–6 Personen
Vorbereitungszeit: 50 Minuten
Garzeit: 45 Minuten
V

REZEPT GETESTET VON: HATTIE

Maggie war die Kinderfrau unseres Sohns George, bis er drei war, und ist immer noch eine gute Freundin. Als ehemalige Judomeisterin hat sie ein straffes Gesäß und eine unglaublich natürliche Autorität. Ein Grund, warum Kinder sie lieben – neben der Tatsache, dass sie sie mit einer Hand um den Kopf wirbeln kann –, ist, dass sie eine wunderbare Bäckerin ist, was sie teils ihren italienisch-kroatischen Eltern zu verdanken hat.

HENRY

4–6 reife **Birnen**

*Für den Teig:*
250 g **Feinstzucker** oder **brauner Zucker**
125 g **Butter**
375 g **Weizenmehl**
1 **Bio-Ei**
¼ TL **Backpulver**
1 Prise **Salz**

*Für die Mandelfüllung:*
200 g weiche **Butter**
200 g **Puderzucker**
2 **Bio-Eier**
2 **Eigelb** von **Bio-Eiern**
etwas **Calvados** (nach Belieben) oder anderer Alkohol
200 g **gemahlene Mandeln**
60 g **Weizenmehl**

*Für die Glasur:*
100 g **Aprikosenkonfitüre**

1. Heizen Sie den Backofen auf 220 °C/Gas Stufe 7 vor.
2. Verrühren Sie für den Teig Zucker und Butter, bis eine glatte Paste entsteht. Rühren Sie die übrigen Zutaten ein. Falls nötig, geben Sie etwas Wasser zu. Der Teig soll sehr krümelig sein.
3. Rollen Sie den Teig aus und legen Sie eine Tarteform (25 cm Ø) damit aus. Stechen Sie mit einer Gabel mehrfach in den Boden. Falls der Teig zu krümelig ist, pressen Sie ihn mit der Hand in die Form. Es soll ein dicker krustiger Boden werden. Legen Sie Backpapier darauf und füllen Sie den Boden mit getrockneten Bohnen. Backen Sie den Teig 8–10 Minuten blind. Entfernen Sie Papier und Bohnen und lassen Sie den Boden auskühlen.
4. Schälen Sie die Birnen ohne die Stiele zu entfernen. Halbieren Sie sie oder schneiden Sie sie in Scheiben. Entfernen Sie dabei behutsam die Kerngehäuse.
5. Rühren Sie für die Mandelfüllung Butter und Zucker schaumig. Geben Sie ein Ei nach dem anderen und das Eigelb zu, wobei Sie nach jeder Eizugabe alles gut durchrühren. Fügen Sie den Alkohol zu, wenn Sie möchten, dann Mandeln und Mehl und vermengen Sie alles gut.

6. Geben Sie die Füllung auf den Teigboden und belegen Sie sie mit Birnen.
7. Backen Sie die Pie 30–40 Minuten im Ofen, bis sie goldgelb ist. Lassen Sie sie abkühlen.
8. Erhitzen Sie die Aprikosenkonfitüre mit 1–2 Teelöffeln Wasser in einem kleinen Topf, bis sie flüssig und streichzart ist. Glasieren Sie die warme Pie damit.

TIPPS

- Servieren Sie die Pie warm mit Sahne oder Vanilleeis oder einfach pur.
- Wenn Sie die Pie in einer Brotform machen, backen Sie sie weitere 20 Minuten auf der unteren Schiene.

# Henrys Würzhühnchen-Pie

GEORGIE PORGIE PUDDIN' AND PIE

Niemand wird glauben, dass diese Pie mit Rhabarber gemacht wird. Die rosafarbenen Stiele eignen sich wunderbar für pikante Gerichte. Sie verleihen den Speisen Substanz und einen subtilen Zitrusgeschmack.

Für 4–6 Personen
Vorbereitungszeit: 10 Minuten + Abkühlzeit
Garzeit: 2 Stunden 45 Minuten
✓

REZEPT GETESTET VON HATTIE

1 großes **Hühnchen**
**Olivenöl**
**Salz** und frisch gemahlener **schwarzer Pfeffer**
300 g **Rhabarber**, in 2,5 cm großen Stücken
2 **Lorbeerblätter**
4 **Kardamomkapseln**, mit einem Messerrücken zerdrückt
1 Glas **Weißwein**
2 **weiße Zwiebeln**, geschält und senkrecht in 8 Viertel zerteilt
1 EL **Kurkuma**
300 g **Crème double**
350 g **fertiger Blätterteig** (oder **Halbblätterteig** von Seite 38)
1 **Bio-Ei** zum Bestreichen

1. Heizen Sie den Backofen auf 180 °C/Gas Stufe 4 vor.
2. Reiben Sie das Hühnchen mit Olivenöl und viel Salz und Pfeffer ein.
3. Geben Sie alle Zutaten außer Sahne, Teig und Ei in einen Bräter. Decken Sie den Bräter ab und garen Sie das Fleisch 1½–2 Stunden im Ofen. Das Fleisch sollte sich von den Knochen lösen. (Geben Sie etwas Wasser zu, wenn es zu trocken ist.)
4. Lassen Sie das Hühnchen etwas abkühlen. Zerteilen Sie das Fleisch in mundgerechte Stücke und geben Sie es mit dem Gemüse und dem Saft aus dem Bräter in eine Pie-Form. Entsorgen Sie Haut, Knochen und Lorbeerblätter. Rühren Sie die Sahne ein.
5. Heizen Sie den Backofen auf 160 °C/Gas Stufe 3 vor. Rollen Sie den Teig für den Deckel aus und benutzen Sie die abgeschnittenen Teigstücke, um den Deckel zu verzieren. Bestreichen Sie den Deckel mit Ei.
6. Backen Sie die Pie 40 Minuten im Ofen, bis sie goldgelb ist.

# Claires Kirsch-Pie

DROVE THE CHEVY TO THE LEVY

Sauerkirschen sind in den USA eine beliebte Pie-Füllung. Sie wachsen in England in vielen Gärten hinter dem Haus, weil ihre roten Früchte so hübsch sind. Da Sauerkirschen sehr empfindlich sind, werden Sie im Supermarkt kaum welche finden. Wenn Sie keine frischen aus dem Garten eines Freundes oder auf dem Markt erhalten, können Sie auch tiefgefrorene nehmen. Als letzte Möglichkeit bleiben eingemachte Sauerkirschen, aber lassen Sie den Saft gründlich abtropfen.

Für 8 Personen
Vorbereitungszeit: 40 Minuten
Garzeit: 1 Stunde
V

350 g **Mürbeteig** (siehe Rezept Seite 38)
500 g frische oder tiefgefrorene entsteinte **Sauerkirschen**, vorzugsweise Morellen
200 g **Feinstzucker**
4 EL **Maisstärke**
1 Prise **Salz**
1 **Bio-Ei** zum Glasieren
etwas **Milch**

1. Heizen Sie den Backofen auf 200 °C/Gas Stufe 6 vor. Fetten Sie eine Pie-Form (20–23 cm Ø) oder eine Tarteform mit Butter ein.
2. Rollen Sie die Hälfte des Teigs zu einem Kreis aus, der groß genug ist, die Pie-Form mit etwas überstehendem Teig auszulegen. Drücken Sie den Teig gut an. Rollen Sie die andere Hälfte des Teigs zu einem 3 mm dicken Rechteck aus und legen Sie es auf ein mit Backpapier ausgekleidetes Backblech. Stellen Sie beides in den Kühlschrank.
3. Geben Sie Kirschen, Zucker, Maisstärke und Salz in eine Schüssel. Vermengen Sie alles, sodass die Kirschen gleichmäßig mit Zucker überzogen sind.
4. Füllen Sie die Kirschmischung in die Pie-Form. Schneiden Sie die rechteckige Teigplatte in 2 cm breite Streifen. Arrangieren Sie die Streifen über den Kirschen in einem Gittermuster und heben Sie 3 Streifen für den Rand auf.
5. Verquirlen Sie das Ei mit ein paar Tropfen Milch. Ziehen Sie den Rand des Teigs bis zum Rand der Form hoch. Bestreichen Sie das Gitter mit der Eiglasur.
6. Nehmen Sie die 3 letzten Teigstreifen, um den Rand zu verstärken, dann bestreichen Sie auch diese mit der Eiglasur.
7. Backen Sie die Pie ca. 1 Stunde im Ofen. Legen Sie unter die Form Alufolie, um eventuell auslaufenden Fruchtsaft aufzufangen. Die Pie ist fertig, wenn die Fruchtfüllung Blasen wirft.

# REZEPTE NACH KATEGORIEN

## WENIG GESÄTTIGTE FETTSÄUREN



## GUTE KOHLENHYDRATE

### NIEDRIGER GI / GUTER ZUCKER



## WEIZENFREI

## GLUTENFREI



## MILCHFREI



## VEGAN

# REGISTER

## D



## E



## F



## G



## H



## I

a platter of figs and other recipes
RIVER CAFE COOK BOOK
Rose Gray and Ruth Rogers
100 PERFECT DESSERTS
CLAIRE CLARK
LITTLE CAFE CAKES
THE NATIONAL TRUST
Traditional Puddings
Sara Paston-Williams
The Anatomy of DESSERT
With a Few Notes on Wine
EDWARD A. BUNYARD
Introduction by MICHAEL POLLAN
Preface by DAVID KARP
MODERN LIBRARY FOOD · RUTH REICHL, SERIES EDITOR
BY CHAD ROBERTSON
PHOTOGRAPHS BY ERIC WOLFINGER
PANISSE FRUIT
DAVID LEBOVITZ
100 OUTSTANDING DESSERTS WITH FRUIT
MARTHA STEWART'S PIES&TARTS
PRUEITT/ROBERTSON
TARTINE
«IN THE GREEN KITCHEN»
BABYCAKES
Delia Smith's Book of Cakes
Jane Grigson's Fruit Book
Darina Allen's
BALLYMALOE COOKERY COURSE
A year in my kitchen
SKYE GYNGELL
BEYOND NOSE TO TAIL
The Art of

# DANK

Von Henry an:
Claire, die eine außerordentliche Begabung zum Backen und ein noch größeres Talent hat, alle zum Lachen zu bringen. Was für ein Glück, dich als Nachbarin zu haben • Mum dafür, dass sie meine Kochbegeisterung weckte und mich auch weiter inspiriert • Meine Frau Mima für das Korrekturlesen, den Zuspruch, die Ideen und die gelegentlichen Beinmassagen • Alle bei Conran, insbesondere Jonathan, Sybella und die weise Eule Lorraine • John für seine stete Unterstützung und die Bereitstellung von Wechselstrom (AC) • Dad dafür, dass er auf die Idee mit dem Strom kam und für seine Unterstützung • Liza und Kate, meine Schwestern, für ihre Gedanken zu Leon • Georgia und Anita dafür, dass sie das Chaos hingenommen haben • Jeremy für all die Bindestriche • alle Leon-Manager für ihre große Leidenschaft • Simon Drysdale, ohne den alles zum Erliegen käme • Tom Ward für seine Hartnäckigkeit und seinen moralischen Kompass • Justin Ovenden für seine hervorragenden Kühlschrankdisplays und seine Chuzpe • Steve und Agnieszka dafür, dass sie allem einen Sinn geben • James Lee French – was würden wir ohne dich machen? • Glenn für eine erstaunliche Zukunft. Was hast du für einen Unterschied bewirkt • Benny O. für seine Liebe zum Erzählen • Georgie Sanderson dafür, dass sie so einfühlsam war und Leon von Grund auf verstanden hat • Belinda Giles für die Schweinetage, die Verpflegungstage und das Investment • Benny und Rich – viel Glück für euch • Bruno Loubet, der mich auf meinen Weg gebracht hat • Nick Evans, der nicht wusste, worauf er sich einließ • Xander und Hannah Armstrong dafür, dass sie an den schlechtesten Paten der Welt glauben • Giles, Mark, Simon und die unerschrockenen Arbeiter in der Sustainable Restaurant Association • Petra dafür, dass sie eine Bäckerin ist, die ich liebe • Roly und Susan Chambers für ihr Kommen und Gehen • Bambi Sloane • Charlie Bigham für die Fleischbällchen • All die Leute, die uns unterstützt haben • Craig vom Barton and White • Rick, Sophie und Kate und die Fusion Gang • Jo, Laura und die Saucettes • Greg – wir lieben dich wirklich • JD dafür, dass er gelegentlich das Feuer wieder angefacht hat • Andy, Glenys und Mel dafür, dass sie so großzügig mit ihren Kindern waren • Pierre und Kathleen Condou für die Unterstützung • Linda Fox – eine wunderbare Person • Stan und Tony und jeden bei Reynolds • Adam Longworth für die Hindu-Götter • Allegra – wir werden für dich dorthin gehen • Tim Smalley für navigatorischen Rat in gefährlichen Untiefen • Jacques Fragis für seine grimmige Konzentration • Spencer Skinner • Gavyn Davies • James und Hannah Horler – danke für Toph • Giles Coren und seine Art, wie er die Zyniker im Ringen um Nachhaltigkeit bekämpft • Jason Lowe für die tollen Fotos auf unseren Speisekarten • All diejenigen, die Rezepte zu diesem Buch beisteuerten • All die Rezepttester, die sicherstellten, dass die Rezepte verständlich sind • All diejenigen, die für das Pie-Fest gebacken haben •

Von Claire an:
Henry dafür, dass er eine fantastische neue Art geschaffen hat, schnell gutes Essen zu bekommen. Dafür, dass er ein so eifriger Unterstützer meiner Bäckerei Violet ist und dass er mich zu diesem tollen Projekt eingeladen hat • Hattie Deards dafür, dass sie angesichts zweier total überlasteter Autoren fröhlich blieb • Lorraine für ihre Unterstützung und ihre Zuversicht • Georgia und Anita für ihre totale Hingabe und ihren Enthusiasmus • Kate McCullough und Echo Hopkins für die großartige Hilfe • Besonderer Dank an Dri und die Violet-Mädchen dafür, dass sie den Laden und Stand so gut am Laufen halten • Danke an Sam für das großartige Studio in The Shop on Haliford Street • Dank an Sara Tildesley dafür, dass sie mir so viel beigebracht hat • Zum Schluss: danke, Damian, für deinen Anruf!

Von Anita an:
Felicity MacDonald Bing für die begeisterte Unterstützung während der Aufnahmen • Sam von The Shop für seine Geduld und seine Fähigkeit, Kuchen zu verzehren • Matilda Harrison, Sonja Bucherer und Lucinda Cooper für zusätzliche Requisiten • Lisa dafür, dass sie bei diesen Kindern geholfen hat • Matt, Maddie und Cy Pia für alles andere.

# DANK

An alle Mitarbeiter von Leon, gestern und heute: Ben Peverelli • Marta Klosinska • Peter Kancian • Malgorzata Herda • Ildiko Tanacs • Nicola Bartsch • Agnieszka Chmieliauskas • Justin Ovenden • Navina Senivassen • Ursula Bowerman • Guilherme Turibio Da Silva • Simon Drysdale • Thomas Ward • Remigijus Chmieliauskas • Justyna Konca • Anna Sobczak • Maciej Marek • Piotr Jablonski • Stephen Oakley • Sini Marika Mulari • Kadija Begum • Agata Cyminska • Rodrigo Menezes De Carvalho • Kristal Maley • Thomas Green • Lucy Buckingham • Igor Kurosu • May Kovacova • Rute Christina Coelho da Rocha • Deivid Grigorid • Marta Kowalska • Rachel Little • Bozena Bobowska • Liliya Georgieva • Bruno Lupi • Richard Holmes • Suzanne Carter • Isabela Santos • Ben Iredale • Liang Sun • Jaroslaw Zybowski • Tahsin Kucuk • Orlan Masilu • Jenny Russell • Renan Amorin • Nicolas Bracamonte • Mara Casolari • Roberta Rimkute • Stephen Bage • Lucy Harrison • Holly Clare • Ashleigh Davewport • Jirina Kralova • Christine Noel • Katre Kurosu • Yok Ming Chung • Grace Kyne-lilley • Efemena Okogba • Matthias Abdul-Haiat • Danilo Oliveira • Katrina Hassan • Natalia Koc • Robert Beaney • Gary Marriott • Matthew Ali • Laura Silova • Lara Wrubel • Jenna Brehme • Shipon Miah • Vasilica Cirican • Penny Munn • Ryan Yates • Alexia Farina • Vadims Belovs • Megan Bailey • Monika Jaworska • Pedro Barchin • Thomas Davies • Patricia Ferreira Martins • Saga Levin • Elisabeta Gjovani • Viktor Kanasz • Claire Didier • Ravi Kondru • Oxana Popa • Shaun Ryan • Michaela Boor • Anna Kempi • Christopher Ali • Nuria Olmedo Nieto • Anita Moser • Alessandro Bononi • Karolina Driessen • Joshua Parker • Caio Skua Nagao • Juan Lopez • Pedro Ribeiro • Matthew Alp • James-Lee French • Jean Carlos • Carlos De Oliviera • Shaun Oxenham • Anastasija Nigul • Anderson Gomcalves • Mara Locisano • Joshua Martins • Ilaria Frigerio • Mariana Gontijo Pizeli • Jurgita Lukaseviciute • Bernardo La Porta Da Silva • Maria Laranjeira • Marta Goszczynska • Gentil Silva • Jessica Wratten • Erika Leonaviciute • Rajiv Jaligana • Istvan Szep • Egle Narbutaite • Chanell Scott • Justyna Stanislawa Jesiolowska • Elodie Kouame • Mark Prove • Martyn Trigg • Olga Chwilowicz • Miguel Gonzalez Alonso • Owen Myers • Biodun Adetimehin • Gytis Sirinskas • Jurgita Sirvinskiene • Francisco Luis Gom Silva • Ramos Barbosa • Judith-Ryanatu Gbadamassi • Gustavo Burkle • Naomi Clare Mullins • David Ncube • Denzso Zrinszki • Modesta Peckatyte • Trevor Payne • Vladimirs Gutans • Pedro Simas • Ilona Staniuk • Janis Viksne • Reda El Guebli • Nora Ivette Goboly • Bernando Aragao • Steph Brown • Samuele Raiano • Dan Kenna • Manuela Eller • Didier Bussillet • Giada Zerbo • Alvaro Santamaria • Ineta Bliudziute • Melanie Cunnane • Marcos De Souza • Luca Gennati • Nora Szosznyak • Luis Javier Diaz Moreira • Sandra Navaro • Talita Heshimi • Dominika Staniuk • Matthew Atkinson • Letisha Dyke • Daniele Arcangeli • Toni Kapeli • Silje Graffer • Celine Pelzak • Hector Martin Alonso • Georgina Sanderson • Benjamin Oliver • Monika Mieszczak • Viera Varvaruova • Amita Shrestha • Marisa Batistussi • Janos Szima • Simona Cijunskyte • Henrietta Okai • Elvyra Rekusce • Valentina Manea • Micheline Essomba • Fabio De Micheli • Artur Jakubowski • Anna Marczenko • Yoel Tewolde • Pawel Bojanowski • Amy Browne • Leigha Vigilant-Thomas • Joao Veterano • Egle Ozolaite • Catia Rodrigues • Lacey Lawfon • John Corrigan • Georgina Roper • Remmond Theophilus Johnston • Lukasz Przytarski • Patricia Perez Violan • Susanna Alessandroni • Paloma Solbiati • Kayleigh Goodger • Maxine Haher • Elzbieta Paslawska • Marcelino Vaccaro • Desiree Haley • Sachelle Macgregor • Nicolle Dawkins • Fernando Lopez • Viktoria Marianna Raj • Alejandro Garcia Jinorio • Joseph Balog • Marco Bernardi • Mark Sorsky • Nerijus Latakas • Rodrigo Muniz • Kamila Webb • Eimear White • Donard Marshall • Miriam Poveda Abad • Anna Anuscenko • Vydmante Kalvynaite • Raquel Peralta • Anna Rodero Carro • Thomas Malley • Nicola Kibble • Alessandro Vioto • Ysbrand Iodice • Isis Sitbon • Alan Gullo • Raffaele Coletta • Nina Amaniampong • Jessica Merrett • Julian Gomes • Heider Resende Das Neves • Thomas Malley • Mohamed Ouali • Arnaud Jouin • Kelly Agbo • Guoda Jankunaite • Wilson Inga Orega • Angela Aloy • Antonio Carlos Dos Santos • Lucas Zanca • Matthew Sears • Veronika Prokesova • Nicoline Lyck Bech • Amber Petersen • Janos Francis • Katrina Bulman • Vanessa Mazzi • Anneish Dwyer • Enara Lekanda • Lauren Hounsell • Sebastian Clark • Simone Badiali • Karlie-Sian Meagre • Adriana De Oliveira Viega • Jay Ricketts • Gina Smith • Andew Sabapathy • Franlesco Sponza • Birgit Arumetsa • Dean Leacey • Innocenzo Colacicco • Pablo Sanchez Ruiz • Detroit Williams • Nilton Caboco • Emma Louise Stevens • Rossanna O'Mahoney-Lamb • Nathan Joshua Gordon • Medhi Abdel Haiat

*Widmung:*
*Meinen Söhnen George und Johnny, die leidenschaftliche Esser sind. Meiner Frau Mima, die jedem das Gefühl gibt, wichtig zu sein. – HD*

*Für Damian und Shuggie. – CP*

© 2012 der deutschen Ausgabe DuMont Buchverlag, Köln

Die Originalausgabe erschien 2011 bei Conran Octopus Ltd.

© 2011 Text: Leon Restaurants Ltd
© 2011 Design: Conran Octopus Ltd
© 2011 Illustrationen: Anita Mangan,
außer Cover: Victoria Sponge; S. 39 Matilda Harrison
© 2011 Fotografien: Georgia Glynn Smith

Alle Rechte vorbehalten.

Herausgeber: Lorraine Dickey
Redaktion: Sybella Stephens
Projektkoordination: Hattie Deards
Art Director (für Leon): Anita Mangan
Art Director (für Conran Octopus): Jonathan Christie
Illustrationen: Anita Mangan,
außer Cover: Victoria Sponge; S. 39 Matilda Harrison
Fotografien: Georgia Glynn Smith
Produktion: Katherine Hockley

**Deutsche Ausgabe**
Verlagskoordination: Christina Holona
Übersetzung: Brigitta Hügel
Lektorat: Nazire Ergün
Satz: Peter Frommann

ISBN 978-3-8321-9443-7
www.dumont-buchverlag.de

Printed in China

Jossy, David, Kate, Joseph, Kay,
Ed, Nicholas, Jane & Henry, August 1977

Marion und John, 1973

Jonathan und Johnny, 2011

Claire, 2011

Henrys Geburtstag, Putney, 1977

Soli in Dubai, 1989

John und seine Freunde

George, zwei Jahre alt

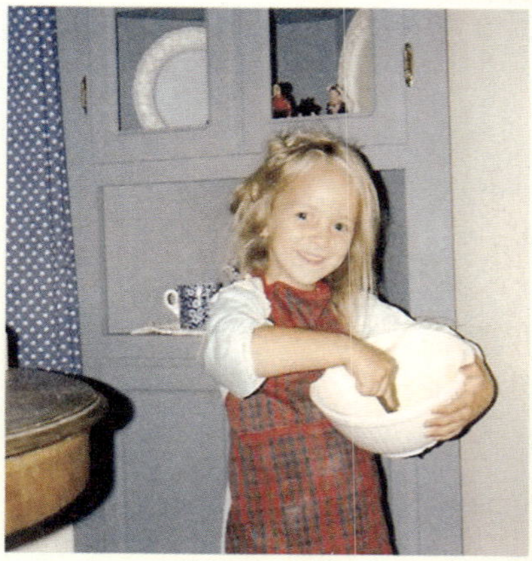

Claire, 1978

Anitas Geburtstag, 1974

John, drei Jahre alt

Liza und Henry, 1977